W0228980

HANS CHRISTIAN ALTMANN

Überzeugend reden, verhandeln, argumentieren

Ideenquelle und Übungsbuch
für die erfolgreiche
Kommunikation

Wilhelm Heyne Verlag
München

HEYNE KOMPAKTWISSEN
Nr. 22/202

Herausgeber der Reihe »kompaktwissen«:
Dr. Uwe Schreiber

Inhalt

Vorwort 9

Erster Teil: REDEN 11

I   **Die Macht der Rede** 12

Margaret Thatchers glanzvolles Rede-Comeback —
Eine Rede entscheidet über den Landesvorsitz —
Präsident Carter stimmt 4000 Gewerkschaftler um
— Alfred Dregger löst »Begeisterungsstürme« aus
— Warum Sie als Führungskraft und Bürger reden
können müssen

II   **Rhetorik-Tips auf dem Prüfstand** 20

Möglichst lange vorbereiten? — Eine Rede »sine ira
et studio« entwerfen? — Eine Rede logisch auf-
bauen? — Keine Rede länger als eine Stunde? —
Bilder verstärken die Gedächtnisleistung? — Kein
wortwörtlich ausgearbeitetes Manuskript?

III   **Lernpsychologie und Gedächtnistraining** ... 26

Was für ein Lerntyp sind Sie? — Wie funktioniert
das Gedächtnis? — Wie merkt man sich eine Rede?
— Wie übt man sein Merksystem?

IV   **Der Aufbau einer Rede** 41

Wie man einen »Expreß-Vortrag« aufbaut —
14 Stufen auf dem Weg zum Fachvortrag — Vier
Fallstricke beim Aufbau einer Rede — Vier verschiedene Gliederungen — 14 verschiedene Einlei-
tungen — Rhetorische Stilmittel — Verschiedene
Schlußformeln

V   **Grundregeln der Rhetorik** 65

Keine Angst vor Lampenfieber — Mit Bewußtsein
sprechen — Gewinne die Aufmerksamkeit der Zuhörer — Ohne Sympathie kein Vertrauen — Wie

man die Zuhörer überzeugt — Motive und Wünsche ansprechen — Ohne Gefühlsansprache keine Tiefenwirkung

VI Die richtige Vortragstechnik 86

Der Redner atmet nicht nur, um Luft zu holen — Ohne Resonanz keine Lautstärke — Betonung schafft Langeweile oder Spannung — Sprechtempo — Pausentechnik — Satzbau — Über die Kunst, Beifall herauszufordern — 16 »Regeln« für den Beifall — Wie beantwortet man Zwischenrufe? — Wie verhält man sich bei kleineren und größeren Pannen?

VII Beurteilungsbogen 104

VIII Checkliste für jeden Redner 106

IX Checkliste für die Organisation von Redeveranstaltungen 108

X Zusammenfassung 110

Zweiter Teil: VERHANDELN 119

I Zehn bekante Verhandlungsmethoden 120

Max-Merkel-Methode — Johnson-Methode — Talleyrand-Methode — Bel-Ami-Methode — Kurfürst-Maximilian-Methode — Politiker-Methode — Schuld-Methode — Felix-Krull-Methode — Lincoln-Ford-Methode — Kompromiß-Methode

II Howard Hughes erfolgreiche Verhandlungsmethoden 160

Verhandlungstips auf dem Prüfstand — Wie man mit Hoffnungen verhandelt — Wie man mit Hilfe der Zeit eine Rechnung um 60000 Dollar kürzt — Wie man durch ein nervenaufreibendes Verhandlungsklima Alleinbesitzer einer Firma wird — Wie man zuerst das Vertrauen und dann die Brieftasche des Verhandlungspartners gewinnt — Wie man durch Panik den Preis in die Höhe treibt — Wie man unmoralisch verhandelt

III   Verhandlungspraktiken in der Praxis 173

Umweg-Methode — WIR-Methode — Lenkungs-Methode — Dritte-Mann-Methode — Haltungs-Methode — Appellations-Methode

IV   Verhandlungspsychologie in der Praxis 179

Die lautlosen Verhandlungsargumente — Eigenes und fremdes Verhalten am Verhandlungstisch — Beurteilung des Verhandlungspartners — 15 Fragen und Antworten zur Verhandlungspsychologie

V   Methoden der Dialektik 199

Abwehrmethoden — Contra-Abwehrmethoden — Angriffs- und Abwehrmethoden — Dämpfertechniken gegenüber allzu sicheren Verhandlungspartnern

VI   Checkliste für Verhandlungen 209

VII   Verhandlungstips von A bis Z 211

Dritter Teil: KONFERIEREN 221

I   Zeit- und Geldverschwendung auf Konferenzen 222

Schlechte Noten für schlechte Konferenzen — Gründe für das unbefriedigende Konferenzverhalten — Warum so viele Konferenzen scheitern — Wie man bei Konferenzen Geld sparen kann

II   Die Vorbereitung von Konferenzen 230

Die Auswahl der Konferenzteilnehmer — Ablaufplanung einer Konferenz

III   Die Leitung einer Konferenz 239

Der Führungsstil des Konferenzleiters — Regeln für das Konferenzverhalten — Über den Umgang mit Konferenzteilnehmern — Verhaltensregeln für den Konferenzleiter

IV   Checkliste für die Vorbereitung von Konferenzen 251

Vorwort

Lieber Leser,

keine Fähigkeit wird heute so geschätzt und gefürchtet wie die Fähigkeit, überzeugend reden zu können. Keine Fähigkeit trägt mehr zur persönlichen Sicherheit und Selbstverwirklichung bei wie die Fähigkeit, seine Ansichten und Ideen glaubhaft vertreten zu können. — Überzeugend reden zu können ist heute die Voraussetzung für jeden Führungserfolg, für jeden Verkaufserfolg, für jeden Verhandlungserfolg!

Dieses Buch soll Ihnen dabei helfen. Es ist kein Lesebuch zum einmal Durchblättern, auch wenn viele Beispiele und Geschichten Ihre Neugierde wecken werden. Es ist ein Arbeitsbuch — ein Handbuch mit vielen praktischen Tips, Regeln und Merksätzen, mit ausgearbeiteten Checklisten, Anwendungsbeispielen und Übersichten.

Sie sollten dieses Buch ebenso als Übungsbuch wie als Nachschlagewerk oder Ideenlieferant verwenden. Wenn Sie nach einer passenden Einleitung suchen, vierzehn verschiedene Beispiele stehen Ihnen zur Verfügung. Wenn Sie nach geeigneten Schlußsätzen suchen: Wählen Sie aus neun Beispielen aus, was Ihren Vorstellungen am nächsten kommt. Wenn Sie nach rhetorischen Stilmitteln suchen: Prüfen Sie unter dreizehn Beispielen, was Ihnen am besten gefällt. Ob es sich um verschiedene Verhandlungsmethoden handelt oder um Regeln, wie man Beifall erhält, alle diese Tips sind so übersichtlich angeordnet, daß Sie sie schnell finden und ebenso schnell anwenden können.

Alle Regeln und Beispiele, die Sie hier finden, stammen aus der Praxis: aus meinen eigenen Verhandlungserfahrungen mit Hunderten von Beratern, aus vielen Rhetorik- und Kommunikationsseminaren — oder aus dem historischen »Nachlaß« berühmter und erfolgreicher Persönlichkeiten. Dank zu sagen, habe ich den vielen Seminarteilnehmern und Gesprächspartnern, durch deren Mitwirkung dieses Buch erst entstehen konnte.

Hans Christian Altmann

ERSTER TEIL

Reden

1 Die Macht der Rede

Jeder, der sich einer Mühe unterziehen soll, fragt sich mit Recht: »Lohnt sich diese Mühe? ... Was kann ich dabei gewinnen?« Und er wird sich weiter fragen: »Was kann heute die Rhetorik ausrichten, angesichts der erschlagenden Übermacht der öffentlichen Medien, der Totalität moderner Kommunikationsmittel? Was hat da die Stimme eines einzelnen noch für ein Gewicht?« — Die Rolle eines Rufers in der Wüste?

Jedes Übel trägt in sich den Keim des Guten. So perfekt, so großspurig, so erschlagend die Medienlandschaft heute aussieht, so anonym, so fremd, so unpersönlich wirkt sie oft auf den einzelnen. Und genau da liegt auch heute noch die Chance eines guten Redners!

Sie werden sich manchmal mit Recht fragen, warum denn unsere Parlamentarier so viel und so häufig reden, wenn am Ende dieser Reden doch genauso abgestimmt wird, wie es dem Kräfteverhältnis der Parteien entspricht. Böse Worte wie »Fensterreden« und »Filibuster« machen dann die Runde. — Trotzdem! Jeder, der führt und führen will, muß reden können, muß gut und überzeugend reden können, muß seine Anhänger begeistern und mitreißen können, muß ihnen Hoffnung vermitteln und nach Niederlagen neue Zuversicht einflößen können. Diese »Feldherrnprobe« wird keinem erspart. Denn führen heißt als erstes: aus der Menge hervorragen, durch überzeugendere Ideen, Initiativen und Maßnahmen. Einige Beispiele mögen das verdeutlichen:

Margaret Thatchers glanzvolles Rede-Comeback

Kurz nachdem die Führerin der englischen Opposition Margaret Thatcher Ende März 1977 ihren ersten Mißtrauensantrag gegen die regierende Labourparty eingebracht hatte, ergoß sich über die »sehr ehrenwerte Lady aus Finchley-Ost« (Wahlkreis von Frau Thatcher) ein Sturzkübel abfälligster Kommentare; Kommentare, die geeignet erschienen, die Führungsrolle von Frau Thatcher ernsthaft in Zweifel zu ziehen. Der konservative Daily Mail schrieb: »Frau Thatchers Begründung des Mißtrauensantrags war so schrecklich, ihre Klischees so grauenhaft und der Rest so langweilig, ihre Rede solch ein Mittelding zwischen Katastrophe und Desaster, daß es einem Fiasko gleichkam.« Und selbst die sonst nicht leicht erregbare konservative TIMES sah sich zu dem Ratschlag an Frau Thatcher veranlaßt, »sich für eine beträchtliche Zeit nicht mehr zu rühren, alle ihre Redenschreiber zu entlassen und in Zukunft keine Mißtrauensanträge mehr einzubringen«. — Und das im Land mit der größten parlamentarischen Beredsamkeit! Grund genug für Frau Thatcher das Handtuch zu werfen? Aus der Traum vom Führungsanspruch?

Vier Monate später stellte die »Eiserne Lady« zum zweiten Mal die Vertrauensfrage. Und dieselbe Presse schrieb: »Frau Thatcher gab die eindrucksvollste und brillanteste parlamentarische Vorstellung ihrer Karriere und brachte ihre eigenen Reihen zur Verzückung, aus denen jubelnd Parlamentspapiere in die Luft geschleudert wurden, als sie ihre Rede beendet hatte.« Ebenso entzückt pries sie der Daily Telegraph abwechselnd als einen »blonden Bomber« und »blonden Tornado«. — Auch diesmal verloren die Torries bei der Abstimmung. Auch größte Beredsamkeit wird die Machtverhältnisse nicht auf den Kopf stellen. Aber die Gefolgschaft hatte ihren Mut wiederge-

funden, und die Führungsrolle Frau Thatchers blieb un-
angetastet.

Eine Rede entscheidet über den Landesvorsitz

In der Duisburger Mercatorhalle standen sich die beiden
Kandidaten Friedhelm Farthmann und Johannes Rau in
einer Kampfabstimmung um den Landesvorsitz der nord-
rhein-westfälischen SPD gegenüber. Nach einer kurzen
Vorstellungsrede der beiden Kandidaten sollte abgestimmt werden. Noch zwei Stunden vor der Entscheidung
hatte Ministerpräsident Kühn einen »fast ungesund deutlichen Vorsprung für Farthmann« festgestellt.

Anderntags war in der Süddeutschen Zeitung zu lesen:
»Als erster der beiden Kandidaten war Farthmann ans
Rednerpult gegangen, in der Absicht, ›hier gleich zu sagen, was Sache ist‹. Doch dann rasselt er einen Text herunter, so schnell, so gehetzt, als müsse er dem Inhalt seiner eigenen Worte davonlaufen. Und so klingt denn auch
vieles hohl und oberflächlich; zumindest aber sind seine
›vier Bemerkungen‹ kaum geeignet, noch unentschlosse-
ne Delegierte auf seine Seite zu ziehen ... viereinhalb Minuten lang plätschert er so im Seichten. Dann kommt
Rau. Ernst und konzentriert, ruhig und bedächtig seine
Worte wählend, hält er eine Rede mit soviel Tiefgang, daß
es die verblüfften Delegierten immer wieder danach
drängt, in lang anhaltendem Beifall ihre Zustimmung zu
bekunden. Rau redet nicht nur, er sagt auch was ... Vor allem aber trifft er genau den Ton, der ihn als Integrations-
figur in einer weitgehend zerstrittenen und von Macht-
kämpfen geschüttelten Partei glaubwürdig erscheinen
läßt.«

Am Ende wird Rau mit knapper Mehrheit gewählt und
Farthmann gerät kopfschüttelnd ins Sinnieren: »Es könn-

te einmal Gegenstand einer Doktorarbeit sein zu untersuchen, wie sich vorgefaßte Meinungen durch eine brillante Rede noch verändern lassen.«

Dieses Buch soll keine Doktorarbeit werden. Aber es wird Ihnen trotzdem eine Fülle von Informationen, Tips und Vorschlägen liefern, die alle dasselbe Ziel verfolgen: wie man das gesprochene Wort noch überzeugender und treffsicherer einsetzen kann.

Präsident Carter stimmt 4000 Gewerkschaftler um

Man kann auch Leute mit stark vorgefaßten Meinungen noch zu einer Meinungsänderung bewegen, wenn man die richtigen Worte trifft. Wie man das macht, zeigte Präsident Jimmy Carter mit Bravour. Das eigene Lager hatte Carter vorgeworfen, seine Wahlversprechen nicht eingehalten zu haben. Vor Automobilgewerkschaftlern in Los Angeles griff der Star der Demokraten Edward Kennedy den Präsidenten an. In der Süddeutschen Zeitung stand darüber: »Indem Kennedy, sein ganzes charismatisches Rednertalent einsetzend ... den Präsidenten anklagte, er gebe entgegen seinem Wahlversprechen dem Ziel des Haushaltsausgleichs den Vorrang vor den Sozialprogrammen, dramatisierte er, wie es nur ein Kennedy kann, ein internes Mißfallen in der Partei an Carters vermuteter Rechtswendung ... und erntete starken Applaus der Autogewerkschaftler.« Einen Tag später sprach Carter. Und es gelang ihm, »die anfänglich kühl reagierenden 4000 Delegierten für seine — der Ausgabenfreudigkeit der liberalen Demokraten entgegengesetzte — Regierungsphilosophie zu begeistern ... so als sei Kennedy niemals dagewesen«.

Alfred Dregger löst
»Begeisterungsstürme« aus

Alfred Dregger, dem hessischen CDU-Vorsitzenden, gelang vor Studenten der Universität Marburg ein ähnliches
Kunststück wie Carter. Während sein Parteikollege, der
rheinland-pfälzische Ministerpräsident Vogel, eine Woche zuvor im selben Auditorium Maximum an den de-
monstrativen Störversuchen linker Studentengruppen gescheitert war, verlief — wie der Chronist der FAZ schrieb
— bei Dregger die Veranstaltung »so ruhig, daß man
streckenweise eine Stecknadel hätte zu Boden fallen hören können«, obwohl sich unter den Zuhörern »durchaus
auch geübte Störer« befanden. Trotz einer Gegenveran-
staltung »sprach Dregger vor vollem Haus, riß die CDU-
Anhänger ... zu Begeisterungsstürmen hin und schien mit
seiner schonungslosen Deutlichkeit und einem plakativen
Siegesbewußtsein sogar die anfänglichen Zwischenrufer
zu angespanntem Zuhören bewegen zu können«.

Schon ein kurzer Blick auf diese vier Beispiele zeigt, daß
alle vier Redner die drei gleichen Erfolgseigenschaften
aufwiesen:

- **Mut und Selbstvertrauen**
  Margaret Thatcher ließ sich nicht durch ihren ersten
  Reinfall, Rau nicht durch den fast »ungesunden Vorsprung« seines Gegners, Präsident Carter nicht durch
  den starken Applaus für Kennedy und Dregger nicht
  durch das Scheitern seines Parteifreundes Vogel ein-
  schüchtern.

- **Felsenfeste Überzeugung**
  Margaret Thatcher hielt an ihrem Mißtrauensantrag
  fest, Rau ließ sich nicht von seinem bedachten »Inte-
  grationskurs« abbringen, Präsident Carter nicht von

seiner sozial zurückhaltenden Regierungsphilosophie
und Dregger nicht von seiner schonungslos deutlichen
Sprache.

- **Treffsichere Ansprache**

  Diese vier Redner »buhlten« nicht um die Gunst des
  Publikums. Aber dafür sprachen sie die bewußten und
  unbewußten Erwartungen ihrer Zuhörer genau zutref-
  fend an. Margaret Thatcher riskierte auch beim zweiten Mißtrauensantrag einen forschen Angriff, weil ihre
  Partei eine mutige und kämpferische Führerin sehen
  wollte. Rau gab der Partei ein Integrationskonzept,
  weil sie von Kampf und Selbstzerfleischung genug hatte. Präsident Carter betonte die Richtigkeit seiner Regierungsphilosophie und damit indirekt auch die Richtigkeit der Wahlentscheidung des demokratischen La-
  gers. Alfred Dregger schaltete nicht auf die »weiche
  Welle« um, sondern sprach klar und deutlich aus, was
  die Zuhörer zu hören wünschten — ein Mißfallen an
  der bestehenden Politik.

Warum Sie als Führungskraft und Bürger reden können müssen

Nun werden Sie vielleicht sagen, daß Sie kaum in die Ver-
legenheit kommen werden, die Oppositionspolitik in
England formulieren oder die hessische CDU zur absolu-
ten Mehrheit führen zu müssen. Sie sind vielleicht Abteilungsleiter, sprechen ab und zu vor Kollegen und Mitarbeitern, halten mal ab und zu eine Rede, weil sie jemand
darum gebeten hat.

Wenn Sie freilich einmal pedantisch wie ein Buchhalter
notieren würden, wie oft Sie bei gegebenem Anlaß das
Wort ergreifen, würden Sie bestimmt ganz anders darüber
denken. Das Bonner Institut für Kommunikationsplanung

nahm einmal in einer Studie (»Zeitökonomie im Management«) den Tagesablauf von Managern kritisch unter die Lupe. Das Ergebnis: Hauptbeschäftigung des Managers ist das reden! Von einer durchschnittlichen 60-Stunden-Woche fallen auf Besprechungen, Konferenzen und Vorträge allein 25,8 Stunden. Noch interessanter ist allerdings das zweite Ergebnis: **Je höher die Position in der Hierarchie ist, um so mehr Zeit muß der Manager für Besprechungen, Diskussionen und Konferenzen aufwenden!**

In all diesen un- und überzähligen Besprechungen, Konferenzen und Vorträgen muß der Manager beweisen, was nach einer Umfrage der Harvard Business Review die wichtigste Eigenschaft des Managers sein sollte: »... die Fähigkeit, sich überzeugend äußern zu können.« Vance Packard schrieb dazu in seinem Buch »Die Pyramidenkletterer«: »Einige Personalberater heben besonders die Tatsache hervor, daß die Fähigkeit, sich gut auszudrükken, sei es durch das gesprochene Wort, sei es schriftlich, für Spitzenkräfte von überragender Wichtigkeit ist.«

Aber nicht nur im Betrieb werden die Anforderungen an eine überzeugende Sprech- und Ausdrucksweise mit jedem Schritt »gipfelwärts« größer; auch im öffentlichen Leben nehmen die Möglichkeiten und Verpflichtungen zu sprechen einen immer größeren Rahmen ein.

Der zunehmende »Demokratisierungsprozeß« auf breitester Ebene, der in letzter Zeit geradezu eine Explosion von Bürgerinitiativen, Bürgerversammlungen und Protestaktionen bewirkt hat und nicht zuletzt die erweiterten Mitbestimmungsmöglichkeiten im Betrieb, zwingen die Unternehmer wie ihre Führungskräfte aus ihrer »splendid isolation« herauszukommen und Mitarbeitern wie Öffentlichkeit Rede und Antwort zu stehen.

Wenn heute eine Firma ein schutzwürdiges Haus niederreißen oder eine neue Produktion aufnehmen will, wenn sie Entlassungen vor hat oder Betriebsstillegungen erwägt, wenn sie Sonderschichten plant oder den Aktionären Rechenschaft ablegt — dann kommt es nicht darauf an, ob sie recht hat oder ob sie gute Gründe hat, sondern einzig und allein darauf, wie überzeugend sie es versteht, ihren Standpunkt darzulegen. Und dazu gehört wesentlich mehr, als einfach die guten Gründe aufzuzählen oder einmal in einer Großaktion an die Öffentlichkeit zu treten.

Zum andern: In vielen Fällen sind Sie bereits persönlich angesprochen, sind Sie gezwungen, auf Bürger- und Bezirksversammlungen Ihr Recht wahrzunehmen. Wenn die geplante Autobahntrasse an Ihrem Haus vorbeiführen, der neue Rangierbahnhof in Ihr Stadtviertel verlegt und Ihre Straße zur internationalen Reiseroute erklärt werden sollen, dann wollen und müssen Sie selbst Ihre Interessen vertreten, müssen andere überzeugen und ihre Unterstützung gewinnen!

Welche Schlüsse sind daraus zu ziehen?

- Keine Tätigkeit nimmt den Manager so in Anspruch wie die Verpflichtung zu reden und zu verhandeln.

- Keine Fähigkeit des Managers wird so hoch eingeschätzt (und bewundert) wie die Kunst, auf Vorträgen, Konferenzen und Verhandlungen seine Ideen klar, präzis und anschaulich vorzutragen.

- Keine Eigenschaft des Betriebes erweckt heute — im Zeichen eines zunehmenden öffentlichen Bewußtseins — soviel Mißtrauen, soviel Feindseligkeit und so viele Mißverständnisse wie die fehlende oder falsche Selbstdarstellung in der Öffentlichkeit.

- Keine Fähigkeit eines »Bürgers« wird in Zukunft mehr geschätzt (oder gefürchtet) werden als die Fähigkeit, Meinungen zu artikulieren, Probleme treffsicher anzusprechen und Gruppen zielgerichtet zu beeinflussen.

II Rhetorik-Tips auf dem Prüfstand

Bevor wir im nächsten Kapitel mit der praktischen Rhetorik beginnen, möchte ich Ihnen einige Klischees und Pauschalurteile vorstellen, die Sie immer wieder in Rhetorikbüchern antreffen. Ich will mich über solche Lehrbuchtips nicht lustig machen. Ich mache es einzig zu dem Zweck, Sie ein wenig zum Nachdenken über diese Methoden anzuregen, damit Sie in Zukunft mehr Ihrer eigenen Erfahrung vertrauen als Lehrbüchern. Am Ende sollen Sie soweit sein, auch dieses Buch beiseite legen zu können, um künftig nur mehr Ihren persönlichen Stil weiterzuentwikkeln — angefangen beim Aufbau einer Rede bis hin zu Ihrer ureigensten Gebärdensprache.

Überlegen Sie sich nun folgende Fragen:

		ja	nein
①	Sollte man sich grundsätzlich auf eine Rede möglichst lange Zeit vorbereiten?	☐	☐
②	Sollte man grundsätzlich eine Rede ohne »Zorn und Eifer« entwerfen?	☐	☐
③	Sollte man grundsätzlich eine Rede in der Reihenfolge — zuerst die Einleitung, dann der Hauptteil und zuletzt der Schluß aufbauen?	☐	☐
④	Sollte man grundsätzlich nicht länger als eine Stunde reden?	☐	☐
⑤	Sollte man sich grundsätzlich auf verbesserte Gedächtnisleistungen der Zuhörer verlassen, wenn man Visualisierungsmittel einsetzt (Tafel, Zeichnungen, Modelle, Bilder ...)?	☐	☐
⑥	Sollte das Redemanuskript grundsätzlich nur aus Stichwörtern bestehen?	☐	☐

Wenn Sie fünfmal mit nein gestimmt haben, überblättern Sie bitte die nächsten Seiten. Andernfalls will ich Sie bei der Beantwortung dieser Fragen ein wenig zum Nachdenken anregen.

① Möglichst lange vorbereiten?

Das kann richtig sein. Das kann aber auch dazu führen, daß Sie sich verzetteln, in Einzelheiten verlieren, Ihre Motivation nachläßt und damit Ihre innere Überzeugungskraft.

Es hängt davon ab, wie lange Sie sich schon mit diesem Thema beschäftigt haben, wieviel Material Sie bereits gesammelt haben. Mein Tip: Arbeiten Sie lieber einige Tage intensiv als 6 Wochen mit Unterbrechungen. Schieben Sie lieber vor dem Tag X noch zwei Probevorträge ein und versuchen Sie aus den Fehlern und Ungereimtheiten zu lernen, als 6 Wochen mit Zweifeln und Skrupeln schwanger zu gehen.

② Eine Rede »sine ira et studio« entwerfen?

Also »ohne Zorn und Eifer«? Genau davon würde ich Ihnen abraten. Prüfen Sie doch einmal selbst, wann Sie am besten reden können: wenn Sie aufgeregt sind, wenn Ihnen eine Sache wirklich am Herzen liegt, wenn Sie Ihren Zorn loswerden wollen. Gerade ein Schuß Wut, Ärger, Zorn verleiht Ihnen die rechte Wortgewalt, läßt die Gedanken viel schneller sprudeln und bringt Sie selbst viel schneller in Fahrt — noch bevor Sie anfangen, an Ihrem Bleistift zu kauen. Glätten Sie alle Emotionen, unterdrükken Sie jede Gefühlsregung, und der Lohn wird wohlabgewogene Langeweile und behutsame Sterilität sein. Ihre Zuhörer werden Sie damit kaum begeistern!

③ Eine Rede logisch aufbauen?

Natürlich sollen Sie logisch denken und handeln, dem Zuhörer klarmachen, von welchen Voraussetzungen Sie ausgehen, ihm immer wieder den roten Faden Ihrer Rede aufzeigen. Aber ein Redemanuskript zuerst mit der Einleitung zu beginnen, wie weiland den Schulaufsatz, ist unlogisch. Wie sollen Sie denn, wenn Sie sich zum erstenmal mit Ihrer Rede beschäftigen, mit der Einleitung zum Hauptteil hinführen können, wenn Sie zu diesem Zeitpunkt noch gar nicht wissen, wie Ihr Hauptteil aussehen wird, welche Beweise, Argumente und Beispiele Sie bringen werden? Warum wollen Sie am Anfang krampfhaft nach einer Einleitung suchen, die Ihnen — wenn Sie Ihr Thema richtig kennen — fast von selbst in den Schoß fällt? — Nein! Springen Sie mitten in Ihr Thema hinein. Beginnen Sie mit dem, was Ihnen gerade einfällt, mit dem, was Ihnen schon vorliegt — Zeitungsausschnitten, Literaturauszügen, Anekdoten. Auch die Zuhörer sind weit weniger an Ihrer glasklaren Logik als an einer frischen, lebendigen, von originellen Einfällen und Ideen sprudelnden Rede interessiert. Deshalb: Gehen Sie auf Ihre Zuhörer ein. Aber nicht logisch, sondern »psycho-logisch«.

④ Keine Rede länger als eine Stunde?

Tucholsky soll einmal gesagt haben: »Ein Redner darf über alles reden, nur nicht über eine Stunde.« Das klingt gut und deshalb wird es mit Variationen zwischen 30 und 90 Minuten auch immer wieder gern empfohlen. Doch ohne die genaueren Umstände zu berücksichtigen, ist dieser Satz genauso ein Pauschalurteil wie die anderen. Denn die Redezeit sollte immer davon abhängen, was Sie bei Ihren Zuhörern erreichen wollen. Wenn Sie zum Beispiel informieren wollen, dann sehen Sie sich bitte das Testergebnis an, das George E. Miller, der Direktor des Center of Educational Development, ermittelte. Er wollte wissen, welche Redezeit für die Informationsaufnahme und -speicherung optimal ist. In seinem Experiment ließ er eine Gruppe Studenten nur eine Viertelstunde lang sein insgesamt 45 Minuten dauerndes Referat anhören. Eine zweite Gruppe ließ er eine halbe Stunde und eine dritte Gruppe den ganzen Vortrag hören — wobei er die wichtigsten Informationen auf die erste Viertelstunde konzentriert hatte. Das Ergebnis: Nach einer Woche wußte die erste Gruppe noch doppelt soviel vom Inhalt des Vortrags wie die dritte! Miller folgerte daraus: **Das Aufnahmevermögen für Informationen ist also optimal während der ersten Viertelstunde und nimmt dann rapide ab.** Es ist also keinesfalls so, daß man die Zuhörer nur lange genug »bearbeiten« muß, um gute Gedächtnisleistungen zu erzwingen. Nur die allerwenigsten Zuhörer hören auf die Dauer noch aufmerksam zu. Selbst bei einem guten Dozenten — und das war das zweite Ergebnis dieses Tests — verbrachten die meisten Studenten mehr als die Hälfte der Vorlesungszeit mit Tagträumereien. Unser Fazit: Mehr als 15 Minuten Redezeit sind meistens schon zuviel und weniger als 90 Minuten in »begnadeten« Fällen noch zu wenig.

⑤ **Bilder verstärken die Gedächtnisleistung?**

Auch dieser Satz geistert immer wieder als Pauschalfeststellung durch die Lehrbücher. Schnell werden dann bunte Grafiken gezeichnet und erhöhte Erinnerungswerte angegeben. So soll jedermann von einer Mitteilung noch im Gedächtnis behalten:

> 10% — wenn er sie nur gehört hat,
> 20% — wenn er sie nur gesehen hat,
> 40% — wenn er sie gehört und gesehen hat,
> 80% — wenn er bei der Verfassung aktiv mitgewirkt hat.

Vorsicht! In diesen Pauschalangaben liegen gleich drei mögliche Fehlerquellen:

● Es wird nicht gesagt, um welche Art von Informationen es sich dabei handelt und mit welcher Exaktheit diese Mitteilungen wiedergegeben wurden (oder, ob man sich bloß daran erinnert hat).

● Es wird nicht gesagt, für welche Art von Gedächtnis und für welchen Zeitraum diese Erinnerungswerte zutreffen. Wir unterscheiden heute immerhin drei verschiedene Gedächtnisstufen.

● Es wird nicht gesagt, daß die Voraussetzung für jede Gedächtnisleistung die bewußte Informationsaufnahme ist. Das heißt: Jeder Sinneseindruck (sehen, hören, begreifen) verbleibt nur dann länger als einige Sekundenbruchteile im Gedächtnis, wenn er »subvokalisiert« wird, also laut oder leise mit eigenen Worten und Assoziationen wiedergegeben wird.

Ohne dieses bewußte Aufnehmen und Wiedergeben bleiben nur Informationsstücke, zufällige und unbestimmte Gefühlseindrücke zurück.

Napoleon hat die Gedächtnisleistung seiner Umwelt realistisch eingeschätzt, als er sagte: »Ich kenne nur eine rhetorische Figur: die Wiederholung.«

⑥ **Kein wortwörtlich ausgearbeitetes Manuskript?**

Ich habe einmal folgende Empfehlung gelesen: Formulieren Sie Ihr Redemanuskript wortwörtlich aus. Wenn Sie dann fertig sind, werfen Sie es in den Papierkorb und erarbeiten sich aus dem Gedächtnis ein Stichwortkonzept. Das klingt gut, klingt nach freier Rede. Nur — überlegen Sie bitte folgendes:

● Wie wollen Sie die Stärken und Schwächen Ihrer Rede analysieren, wenn Ihnen nach dem ersten Beifall oder

Reinfall der Redetext nicht mehr vorliegt? Wie wollen Sie dann noch wissen, was gut war und was zu korrigieren ist?

- Warum wollen Sie sich Mehrarbeit machen und nochmals einen Stichwortzettel entwerfen? Markieren Sie doch einfach die wichtigsten Stichworte Ihrer Rede mit einem bunten Stabilostift. Lernen Sie Ihre Rede und sprechen Sie dann so frei, daß ein Blick auf die Stichworte genügt, den Redefaden weiterzuspinnen.

- Warum wollen Sie auf die Sicherheit eines gut ausformulierten Textes verzichten? Sicherheit bietet die erste Garantie für den Redeerfolg. Sie verlieht dem Redner dasselbe Sicherheitsgefühl wie dem Autofahrer der Ersatzreifen oder der Reservekanister.

III Lernpsychologie und Gedächtnistraining

Für einen Redner ist es aus zwei Gründen wichtig, zu wissen, wie das Gedächtnis »funktioniert«. Einmal, um zu erfahren, wie er seine eigene Gedächtnisleistung steigern kann — als Voraussetzung für die freie Rede. Zum andern, um zu erfahren, auf welche Weise die Zuhörer seine Informationen aufnehmen und speichern.

Was für ein Lerntyp sind Sie?

Die erste Frage, die uns beschäftigt, ist: Wie nimmt der Mensch neue Informationen auf? Wie lernt er? Gibt es verschiedene Lernmethoden? — Von der Beantwortung dieser Fragen hängt der Erfolg Ihrer Vortragsweise ab. In der Lernpsychologie unterscheidet man *vier verschiedene Lerntypen,* also vier unterschiedliche Methoden, mit denen die Menschen am schnellsten neue Informationen aufnehmen:

1. Lernen durch abstrakte Darstellungen und Formeln, also rein **intellektuell**
2. Lernen durch Sehen und Beobachten, also **visuell**
3. Lernen durch Hören und Sprechen, durch die Kommunikation mit anderen, also **auditiv**
4. Lernen durch Anfassen, Fühlen, Begreifen, also **haptisch**.

Haben Sie Ihren eigenen Lerntyp in diesen vier Lernmethoden wiedererkannt? Dann überlegen Sie doch bitte einen Augenblick, welche Lerntypen Sie bei einer Rede ohne Diskussion, ohne Zeichnungen und Bilder, ohne Modelle zum Anfassen ansprechen. Praktisch nur einen: den abstrakten, den intellektuellen Lerntyp; den Lerntyp, der bei uns seit Jahrhunderten — seitdem es Katheder und Schulbänke gibt — einseitig bevorzugt wird.

Welchen Schluß sollten wir daraus für unsere Vortragsweise ziehen? — Wenn Sie schon einen Vortrag ohne Diskussion und Bildmaterial halten (müssen), dann soll zumindest Ihre Sprache so »bildhaft«, so »dialogähnlich«, so »begrifflich« wie möglich sein, damit auch die nicht-intellektuellen Lerntypen von Ihrer Vortragsweise angesprochen werden.

Wie funktioniert das Gedächtnis?

Jede Information, die den Zuhörer erreicht, wird nicht einfach behalten oder vergessen, sondern sie verweilt in drei unterschiedlich langen Gedächtnisspeichern.

1. Das Ultra-Kurzzeitgedächtnis

Alle Sinneswahrnehmungen, die durch das Auge, das Ohr oder die Haut »ankommen«, kreisen zunächst einmal in Form von elektrischen Schwingungen in unserem Gehirn. Sie klingen nach Sekundenbruchteilen wieder ab, wenn sie nicht mit *bewußter Aufmerksamkeit* aufgenommen werden. Das heißt: wenn sie nicht mit besonderem Willenseinsatz (»Ich will mir das merken«) festgehalten und gleichzeitig mit eigenen Worten laut oder leise wiederholt (= subvokalisiert) werden.

Ein Autofahrer, der die Straße entlangfährt, wird eine Fülle von Informationen aufnehmen — Häuser, Autos, Fußgänger, Ampeln —, die er jedoch sofort wieder »vergißt«, weil er sie nicht bewußt (mit Willenseinsatz) registriert hat.

2. Das Kurzzeitgedächtnis

Durch das bereits erwähnte »Subvokalisieren« (das laute oder leise Wiederholen einer Nachricht mit eigenen Worten) werden neue Informationen vor dem »Verlöschen« im Ultra-Kurzzeitgedächtnis bewahrt. Der nächste Gedächtnisspeicher ist das Kurzzeitgedächtnis, das neue Informationen nach spätestens 20 Minuten wieder »vergißt«, wenn sie nicht mit schon bekannten Gedächtnisinhalten assoziiert und verknüpft werden (z.B. in Form von Bildern).

3. Das Langzeitgedächtnis

Das Langzeitgedächtnis behält nur dann neue Informationen auf die Dauer, wenn sie mit schon vorhandenen Gedächtnisinhalten assoziiert und verknüpft werden, wenn sie bestimmten Ordnungskategorien zugeordnet werden, wenn sie mit Superzeichen (= abrufbereiten Wiedererkennungsbegriffen) versehen und öfters angewendet oder wiederholt werden.

Besonders gefördert wird der Merkvorgang, wenn Sie mit hoher Motivation lernen (»Ich brauch das unbedingt ...«) oder in einer starken emotionalen Spannung (»Denen werde ich es zeigen!«).

Die Bildung der Gedächtnisinhalte wird in Form von Proteinablagerungen — also in stofflicher Form — vollzogen. Jetzt verstehen Sie auch, warum alte Leute sich oft noch haargenau an ihre Kindheitserlebnisse erinnern können, aber Schwierigkeiten haben, sich an die Absprachen vor einer Stunde zu erinnern. Des Rätsels Lösung: Im Alter läßt die Proteinsynthese nach, mit der die Wahrnehmungen im Langzeitgedächtnis verfestigt werden.

Noch ein Ergebnis aus der Gedächtnisforschung ist für Sie wichtig: Der Mensch speichert nicht nur *Informationen* (z.B. die erste Fußballweltmeisterschaft für Deutschland 1954 in Bern nach dem 3:2-Sieg über Ungarn), sondern auch die *Gefühle,* die bei der Informationsaufnahme gerade vorhanden waren (z.B. Enttäuschung, dann grenzenlose Begeisterung).

Daß die von positiven Gefühlen untermauerten Informationen wesentlich länger im Gedächtnis bleiben, ist für Sie in zweifacher Hinsicht wichtig: Einmal, wenn Sie etwas lernen müssen, versuchen Sie sich positiv zu motivieren (z.B. für jeden erfolgreich abgeschlossenen Lernschritt zu belohnen). Zum andern, wenn Sie selbst unterrichten oder lehren: Versuchen Sie Ihre Zuhörer in eine freundliche, angenehme, vertrauensvolle Lernstimmung zu versetzen. Ein Redner, der schon durch sein äußeres Erscheinungsbild oder sein arrogantes Auftreten die Zuhörer »verstört«, schafft die denkbar schlechteste Basis für die Aufnahme seiner neuen Informationen. Denken Sie bitte daran: *Was dem Gefühl mißfällt, wird nie den Verstand erreichen!*

Die praktische Anwendung

1. Wie können Sie die Aufnahmefähigkeit Ihrer Zuhörer steigern? Jeder Lerntyp sollte in Ihrem Vortrag auf seine Kosten kommen:

- Für den **intellektuellen** Zuhörer packen Sie Ihre Kerngedanken in logische Formeln und entwickeln Voraussetzungen und Folgen an einem theoretischen Modell.

- Für den **visuellen** Lerntyp demonstrieren Sie mit Bildern, Grafiken und Zeichnungen, zumindest mit »bildhaften« Vergleichen.

- Für den **auditiven** Lerntyp diskutieren Sie oder handeln wichtige Textstellen auch einmal in Form von Rede und Gegenrede ab, zumindest in Form der rhetorischen Frage.

- Für den **haptischen** Lerntyp zeigen Sie Modelle (möglichst bewegliche) oder erklären schwierige Vorgänge so exakt und genau, als würden Sie ein Experiment beschreiben.

2. Wie können Sie die Gedächtnisleistung Ihrer Zuhörer steigern? — Denken Sie daran: Was für den einen längst bekannt ist, hört der andere zum erstenmal.

- **Motivieren** Sie Ihre Zuhörer! Sagen Sie Ihnen schon mit den ersten Sätzen, warum das Thema für sie wichtig, aktuell, interessant und vorteilhaft ist!

- Machen Sie Ihre Zuhörer **neugierig**! Weisen Sie auf ein Geheimnis hin, das Sie enthüllen werden, auf ein »Rezept«, das ihnen helfen wird, auf eine wichtige Erkenntnis.

- Gewinnen Sie das **Vertrauen** der Zuhörer durch die Betonung von Gemeinsamkeiten. Stellen Sie eine positive Atmosphäre her, indem Sie auf jede Aufdringlichkeit, Überheblichkeit und Besserwisserei verzichten.

- Bieten Sie neue Informationen nur in **kleinsten Mengen** an. Kündigen Sie diese neuen Informationen vorher an. Machen Sie nach jeder neuen Information für Sekunden eine Pause, damit die Zuhörer das Gehörte verarbeiten können.

- Bieten Sie mit neuen Informationen zugleich **Bilder** und **Assoziationen** an, die die Vorstellung anregen. Verknüpfen Sie die neuen Informationen mit bekannten Gedächtnisinhalten. Geben Sie den Zuhörern Hilfen, mit denen sie die neuen Informationen richtig einordnen können.

- **Vermeiden** Sie **Fremdwörter,** die zu Stolpersteinen werden können, die den Gedanken- und Assoziationsfluß sowie den Vorgang der Gedächtnisspeicherung unterbrechen können.

- **Wiederholen** Sie durch Teil- und Gesamtzusammenfassungen die wichtigsten neuen Informationen — wenn möglich in Form von einprägsamen Leit- und Merksätzen! Zeigen Sie den Zuhörern den roten Faden auf: Was sie bereits gehört haben und was sie noch hören werden!

Wie merkt man sich eine Rede?

Für das »Auswendiglernen« einer Rede gibt es verschiedene Systeme. Allen ist jedoch eins gemeinsam: Die einzelnen Schritte werden in »Bilder« übersetzt und durch ein bestimmtes Ordnungssystem nacheinander aufgereiht wie die Perlen auf einen Rosenkranz.

Wichtig ist für Sie, daß Sie einmal wissen, was für ein »Lerntyp« Sie sind und zum andern, daß Sie sich dann für ein persönliches Merksystem entscheiden und es für sich ausbauen.

Ich stelle Ihnen jetzt drei solche Merksysteme vor, die relativ einfach sind und die ich mit Erfolg in Rhetorikseminaren und auch selbst verwende:

1. Assoziationskette

Die Handhabung ist sehr einfach: Die einzelnen Stichworte Ihres Referats werden in möglichst dramatische und farbige Bilder »übersetzt« und durch den roten Faden einer (auch an den Haaren herbeigezogenen) Handlung verbunden.

Vorteil: kein Erlernen eines speziellen Merksystems
Nachteil: leichter zu vergessen, schlechtere Abrufbarkeit der Einzelbilder.

2. Symbol-Merksystem

Sie merken sich — je nach Bedarf — 10, 20 oder 50 Symbole, die für die einzelnen Zahlen gelten und damit für die richtige Reihenfolge Ihrer Stichworte. Jedes Stichwort verarbeiten Sie mit dem jeweiligen Zahlensymbol zu einem aussagekräftigen Bild. Das Lernen des Merksystems geht um so leichter, je mehr das Symbol Ähnlichkeit mit der Zahl hat. Meine Symbol-Zahlenreihe lautet: 1 = Leuchtturm, 2 = Zweirad, 3 = Dreizack, 4 = Boxring, 5 = Fünf Finger (Hand), 6 = Würfel, 7 = Siebenarmiger Leuchter, 8 = Brille, 9 = Neun Kegel, 10 = Zehn Zehen, 11 = Elf Fußballspieler (Mannschaft), 12 = 12 Uhr ...

Unter der Überschrift »Ein praktisches Beispiel für eine 5-Punkte-Gliederung« sehen Sie im folgenden Abschnitt ein Kurzreferat und auf den Seiten 34 bis 36, wie man sich dieses Referat mit dem Symbol-Merksystem merken kann.

Vorteil: relativ einfach, genaue Abrufbarkeit
Nachteil: beschränkte Bildhaftigkeit und Umsetzungs-
          fähigkeit

Ein praktisches Beispiel für eine 5-Punkte-Gliederung

Thema   **»Rationalisierung — der Sündenbock für alles?«**

Interesse   Wußten Sie, daß trotz des kräftigen Anstiegs der Lohnquote in den letzten Jahren die Rationalisierungsinvestitionen, gemessen am Umsatz, heute sogar wesentlich niedriger liegen als in den sechziger Jahren?

Kerngedanke   Es ist unsinnig, die Rationalisierung zu verteufeln und zum alleinigen Sündenbock für die augenblickliche Wirtschaftslage zu machen.

Begründung   Zum einen: Was hat denn die Unternehmer fast dazu gezwungen zu rationalisieren? — Das waren einmal die ständig steigenden Lohnkosten, die im Jahr 1976 einschließlich der Lohnzusatzkosten auf 17 Mark und damit auf Platz 1 in der

Weltrangliste geklettert sind. — Das waren zum andern die ständigen Aufwertungen der DM auf den internationalen Devisenmärkten.

Wir müssen rationalisieren, weil man in einem Hochlohnland ohne nennenswerte Rohstoffreserven nicht weiter wettbewerbsfähig produzieren kann — wenn nicht gleichzeitig die Produktivität gesteigert wird.

Der wissenschaftliche Beirat beim Bundeswirtschaftsministerium hat in einem Gutachten ganz klar zum Ausdruck gebracht, daß bei gleichbleibender Erwerbsbevölkerung und Arbeitszeit das Realeinkommen je Kopf nur dann erhalten werden kann, wenn Rationalisierungsinvestitionen vorgenommen werden.

Vorteile   Ohne Rationalisierungsinvestitionen sind Produktivitätssteigerungen als eine der wichtigsten Voraussetzungen für einen weiteren Einkommensanstieg oder eine weitere Verringerung der Arbeitszeit bei vollem Lohnausgleich nicht möglich.

Ohne Rationalisierung und technischen Fortschritt kann es keinen Konjunkturaufschwung und keine Vollbeschäftigung geben.

Rationalisierungen sind — das bitte ich zu bedenken — ja ebenfalls Aufträge an Investitionsgüterindustrien, an Baufirmen und Dienstleistungsfirmen.

Aufforderung   Deshalb ist es falsch, die Rationalisierung heute zu verteufeln. Die Frage, die sich uns stellt, heißt nicht: Rationalisierung, ja oder nein? Sondern: Rationalisierung mit Maß und Ziel — zur Stärkung der Konjunktur und zur Sicherung der Arbeitsplätze von morgen!

Gedächtnismerksystem für die Stichworte einer Rede

»Rationalisierung — der Sündenbock für alles?«

1 =  *Thema*

Neben einem »vollautomatischen« Leuchtturm wird ein Ziegenbock auf einem Altar ebenfalls »vollautomatisch« geschlachtet und geopfert (Sündenbock).

2 = 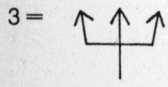 *Interesse*

Auf einem Fahrrad sitzt ein Fragezeichen (»Wußten Sie ...?«). Das Vorderrad ist größer (steigende Lohnquote), zwischen den Speichen sind Geldscheine festgeklemmt. Auf dem Gepäckständer steht ein großes U (Umsatz). Zwischen den Speichen ist ein Taschenrechner festgeklemmt (Rationalisierungsquote).

3 = 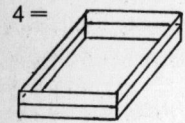 *Kerngedanke*

Auf einem Dreizack sind ein Teufel, ein Ziegenbock und ein Arbeitsloser aufgespießt (Verteufelung).

4 =  *Begründung*

Über einem Boxring hängt ein W (Warum ...?). In der einen Ecke des Boxrings steht ein fetter Boxer, der auf seinem Trikot eine 1 und darunter die Zahlen 17 und 76 stehen hat (Lohnentwicklung). In der anderen Ecke steht der Gegner, behängt mit einem Bleigürtel, aus dem zerfranste Geldscheine schauen (DM-Kursentwicklung).

5 = Eine Faust hält ein großes M (Wir müssen ...!), während aus der Faust Sand rieselt (abbröckelnde Rohstoffreserven).

6 = 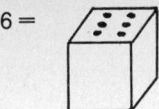 Auf einem Tisch werden immer schneller Würfel mit der Zahl Sechs aufeinandergetürmt (Produktivitätssteigerung).

7 =  Einige Weise tragen einen siebenarmigen Leuchter, an dem ein Blatt Papier befestigt ist (Gutachten).

8 =  Einer der Weisen setzt sich eine Brille auf. Auf dem einen Brillenglas ist eine bestimmte Personengruppe (Erwerbsbevölkerung), auf dem anderen eine Uhr (Arbeitszeit), auf dem einen Bügel ein Hundertmarkschein (Realeinkommen), auf dem anderen ein Fünfhundertmarkschein befestigt (R-Investitionen).

9 = *Vorteile*

Auf einer Kegelbahn läuft eine Kugel (= O wie Ohne ...) auf neun Kegel zu, von denen die 5 ersten von links nach rechts einen Buchstaben tragen: R(ationalisierungsinvestitionen), P(roduktivitätssteigerungen), E(inkommensanstieg), A(rbeitszeit), L(ohnausgleich).

10 = Männer sitzen in Rollstühlen und bedienen sie mit den Zehen. Plötzlich nimmt jeder zwei Krückstöcke, die wie ein R und ein T gebogen sind (Rationalisierung und technischer Fortschritt) und steht auf (Konjunkturaufschwung und Vollbeschäftigung).

11 = 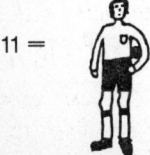 Auf einem Fußballplatz arbeiten 11 Fußballer jeder für sich ... an einem Computer, einer Mauer ...

▷

12 =

Aufforderung

Auf einer Turmuhr wird der zu schnelle kleine Zeiger gebremst (R. mit Maß und Ziel) und der große Zeiger »beschwingt« (Stärkung der Konjunktur und Sicherung der Arbeitsplätze).

---

3. Ort-Merksystem

Ich habe ein relativ gutes Ortsgedächtnis. Darauf habe ich mir mein persönliches Merksystem aufgebaut. Ich merke mir bestimmte Ortsbilder bzw. bestimmte Gebäude/Ansichten in verschiedenen Orten; Orte, deren Reihenfolge ich einmal genau festgelegt habe. Will ich mir neue Informationen kurzfristig merken, übersetze ich sie zuerst in ein möglichst dramatisches, skurriles Bild und verknüpfe dann das Bild mit dem Ortsbild.

Die Reihenfolge der verschiedenen Orte bzw. Gebäudeansichten lautet:

1 Altötting
  Rathaus

10 München   2 Burghausen
   Odeonsplatz   Gymnasium

9 Garmisch   3 Tittmoning
  Eisstadion   Salzachbrücke

8 Bad Wiessee   4 Salzburg
  Hotel Rosenstöckl   Domplatz

7 Tegernsee   5 Rosenheim
  Schloßallee   Heimatmuseum

        6 Bad Aibling
          Kurpark

Sie werden jetzt vielleicht drei Fragen haben:

1. Was machen Sie, wenn ein Nachrichtenblock oder ein Stichwort mehrere Informationen enthält?

   Dann »drehe« ich in jedem Ort noch einmal im Uhrzeigersinn eine Schleife. Das heißt: Ich habe in jedem Ort noch »Reservegebäude«.

2. Was machen Sie, wenn Sie sich nicht 10, sondern 20 neue Informationen oder Stichwörter zu merken haben?

   Mein Orts-System umfaßt insgesamt 15 Städte (geht also noch weiter). Sollte ich trotzdem nicht damit zurechtkommen, obwohl ich alle Teilinformationen bereits mit dem jeweiligen Ort verknüpft habe, fange ich beim Ortsbild Nr. 1 (Altötting) wieder an: entweder bei den Reservegebäuden oder »neuen« Stadtteilen.

3. Verwischen sich die einzelnen Bilder nicht, wenn Sie sich etwas längere Zeit merken wollen, z.B. für das Langzeitgedächtnis?

   Richtig! Für das *Langzeitgedächtnis* ist diese Methode unbrauchbar:

   a) weil sich die verschiedenen Bilder überlagern und damit verwischen,

   b) weil die Zuordnungen und Verknüpfungen mit bestehenden Gedächtnisinhalten fehlen.

   Dafür gibt es andere Systeme, die aber für unsere Aufgabe, sich die 20 oder 30 Stichworte einer Rede zu merken, zu zeitaufwendig sind.

Praktische Beispiele

Wie man sich mit dem Ort-Merksystem eine ganze Tagesschau merken kann. Hier die bildhafte Umsetzung der ersten fünf Nachrichten:

Tagesschau-Nachrichten vom Sonntag, den 30. Oktober 1977	Bildhafte Umsetzung mit Hilfe des Ort-Merksystems

1. Kontroverse Schleyer-Tonband

Innenminister Maihofer wehrt sich gegen Vorwürfe von Strauß, daß Bundeskriminalamt und Polizei im Fall der Schleyer-Entführung versagt haben sollen. Anlaß dazu war ein Tonband Schleyers an Kohl, das Strauß zur Veröffentlichung preisgegeben hatte.

1 Vor dem Rathaus in Altötting

steht ein Tonbandgerät. Aus den Fenstern im 1. Stock schauen Maihofer und Strauß, weisen mit dem einen Arm auf das Tonband und mit dem anderen anklagend auf ihren Gegner. Im Fenster Maihofers sind noch ein Polizist und ein Kriminaler zu sehen.

2. Jubiläumstagung der Jungen Union

Auf dieser Tagung in München wurde neben dem erfreulichen Anwachsen der Mitgliederzahl auf 250 000, hervorgerufen durch den Eintritt von Schülern und Studenten, der relative Rückgang von jungen Arbeitern und Angestellten beklagt.

2 Vor dem Gymnasium in Burghausen

sitzen an einem runden Tisch Delegierte und schauen zu zwei Fenstern hoch. Aus einem Fenster versuchen gleich 20 Personen herauszuschauen. Aus dem anderen schauen nur zwei (Arbeiter, Angestellte). Über dem Schulportal hängt eine kranzgeschmückte Tafel. Auf ihr steht: 250 000.

3. Entführung Caransas

Bisher weiß die Polizei bei der Entführung des niederländischen Millionärs Caransas noch nicht, ob es sich um Südmolukker oder RAF-Terroristen handelt. Die Angehörigen Caransas haben die

3 Auf der Salzachbrücke in Tittmoning

steht ein eiserner Käfig, in dem ein Mann sitzt. Um den Käfig herum laufen verschleierte Gestalten, denen vom Ufer einige Personen (Angehörige) zuwinken.

Geiselnehmer aufgefordert, direkt mit ihnen Kontakt aufzunehmen.

4. *Geiselnahme in Mauretanien*

13 Franzosen sind in Mauretanien von der Befreiungsbewegung Polisario gefangengenommen worden. Da die Anrainerstaaten einen Fallschirmjägerüberfall Frankreichs befürchten, haben sie vorsorglich dagegen protestiert.

4 *Vor dem Dom in Salzburg*

knien 13 Menschen an Ketten gefesselt, in der Mitte eine blau-weiß-rote Fahne. Bewacht werden sie von »Beduinen«, die plötzlich zum Himmel zeigen, wo ein Fallschirm mit einem Fragezeichen sichtbar wird.

5. *Waffenembargo für Südafrika*

Trotz Waffenembargo befürchtet Südafrika keine größeren Schwierigkeiten, da es heute bereits 75 % seines Waffenbedarfs selbst herstellt. Darüber hinaus gilt die südafrikanische Armee als die beste Schwarzafrikas.

5 *Bei dem Heimatmuseum in Rosenheim*

ist eine Türe vernagelt, doch aus der anderen kommt ein Panzer und ein Flugzeug nach dem anderen. Auf dem Parkplatz werden alte Panzer repariert. Davor exerziert eine Truppe.

Wie übt man sein Merksystem?

1. Stellen Sie zuerst fest, welcher Lerntyp Sie sind. Probieren Sie aus, was Sie sich am besten merken können: Formeln, Zeichnungen, Bilder, Orte, Ansichten, Gegenstände, Farben, Symbole …

2. Bauen Sie sich Ihr persönliches Merksystem auf: entweder in der Form der Assoziations- und Bildketten oder indem Sie einzelne Symbole, Bilder, Farben, Ortsansichten ... in eine bestimmte Reihenfolge bringen, die Sie in Zukunft immer so einhalten werden.

3. Üben Sie, bestimmte Informationen in Bilder, in möglichst bunte, dramatische, surrealistische und fantasievoller Bilder umzusetzen. Am einfachsten ist es, Sie beginnen damit, sich eine Reihe zufälliger Stichworte (Briefmarke, Turm, Hose, Arm ...) durch bildhafte Vorstellungen zu merken und mit Ihrem »System« zu verknüpfen.

4. Zusätzliche Hilfen: Wenn Sie sich diese Bilder vorstellen, versuchen Sie sich auch an diese Bilder gefühlsmäßig zu binden. Das heißt: sich bei den einzelnen »Bildern« zu freuen oder zu ärgern, zu schmunzeln oder Schadenfreude zu empfinden. Außerdem: Versuchen Sie in diesen Bildern selbst etwas zu tun — sich in die Handlung miteinzubeziehen.

5. Versuchen Sie, ganze Informationsblöcke zu einem einzigen Bild, zu einem Stichwort zu verdichten. Dieses Stichwort nennt man ein »Superzeichen«. Es läßt sich im Gedächtnis besser speichern, ordnen und abrufen. Haben Sie keine Angst, daß durch die Bildung von Superzeichen Zusatzinformationen verlorengehen.

6. Übung: Setzen Sie sich eine bestimmte Zeit, um etwa 25 Stichworte zu »verarbeiten«. Machen Sie nach einigen Tagen die Kontrolle. Wiederholen Sie die Stichworte von vorn und von rückwärts. Mit etwas Übung sollte es Ihnen möglich sein, sich 60 Wörter in sechs Minuten sicher zu merken. Eine ausgezeichnete Übungsmöglichkeit bietet jeden Tag auch die Tagesschau im Fernsehen.

IV Der Aufbau einer Rede

Sie werden plötzlich dringend gebeten, ein Referat zu halten. Circa zwanzig Minuten lang. Absagen wollen oder können Sie nicht. Was tun? — Für einen solchen Notfall sollen Ihnen die folgenden Empfehlungen helfen:

Wie man einen »Expreß-Vortrag« aufbaut

1. Grundsätzlich, wie auch immer das gestellte Thema lautet, lassen Sie sich in der Kürze der Zeit auf **kein fachliches Neuland** ein. Bei eventuellen Zwischenfragen, Einwänden, Diskussionsbeiträgen werden Sie unweigerlich Schiffbruch erleiden. Auf mehr als einen »interessanten« Brückenschlag sollten Sie sich nicht einlassen. Das Risiko ist zu groß!

2. Versuchen Sie, mit den ersten drei Sätzen auf ein **bekanntes Terrain** zu kommen. So lächerlich es klingt, aber in der äußersten Not hilft hier nur die alte Prüfungsregel: Auf jeden Fall reden, aber nur über die eigenen Kenntnisse! Nach dem Motto: Wenn Sie die Insekten gut kennen und über die Elefanten sprechen sollen, beginnen Sie eben: »Die größten Feinde des Elefanten sind nicht die großen Tiere — die Löwen, Tiger, Nashörner. Nein! Es sind die kleinsten Tiere — die Insekten, die wir wie folgt unterscheiden ...«

3. Bauen Sie Ihre Rede nicht logisch, sondern **psychologisch** auf. Suchen Sie in erster Linie nach interessanten Einzelheiten, Beispielen, Anekdoten, persönlichen Erfahrungen und Erlebnissen zu diesem Thema.

4. Besorgen Sie sich ein »populärwissenschaftliches« Buch und filzen Sie es nach den **interessantesten Merksätzen,** Anekdoten und Storys durch. Schreiben Sie jede Einzelgeschichte auf ein einzelnes Blatt.

5. Versuchen Sie, anhand dieser Merksätze, Anekdoten, Erfahrungen einen **roten Faden** zu finden und legen Sie Blatt für Blatt in der entsprechenden Reihenfolge hintereinander.

6. Ergänzen Sie die fehlenden Übergänge durch geschickte Fragen und »hartes« **Tatsachenmaterial,** das Sie zur Not aus dem Konversationslexikon entnehmen können.

7. Versuchen Sie jetzt ein paar verblüffende **Brückenschläge** zu dem Fachbereich zu konstruieren, über den Sie sprechen sollten.

8. Beginnen Sie erst jetzt mit dem Wichtigsten — der Einleitung, der **Begründung** für Ihre Themenverfehlung. Begehen Sie keinesfalls den Fehler, sich irgendwie zu entschuldigen (»Ich hatte leider keine Zeit mehr ...«), sondern schmeicheln Sie den Zuhörern und kitzeln Sie ihre Neugierde:

   »Meine sehr verehrten Damen und Herren,
   ich weiß, vor welch fachkundigen Zuhörern ich heute spreche. Es ist mir auch völlig klar, daß unter Ihnen Experten sind, die von ... weitaus mehr verstehen als ich. Eines ist mir jedoch aufgefallen, daß der Aspekt der ... bisher in der Literatur fast völlig vernachlässigt wurde. Ich nehme deshalb gern diese Gelegenheit wahr, heute einen ersten Brückenschlag zu wagen ...«

9. Ähnlich verfahren Sie mit dem Schluß. Versuchen Sie, wieder irgendeine **Brücke** zu dem ursprünglichen Thema zu finden:

»Ich hoffe, meine sehr verehrten Damen und Herren, daß ich Ihnen zeigen konnte, wie vielfältig, wie mikroskopisch klein und doch beängstigend groß die Gefahren sind, die das Leben des afrikanischen Elefanten heute bedrohen ...«

10. Denken Sie bei all Ihren Vorträgen, Referaten und Reden, wann immer Sie auf einer Bühne, einem Podium stehen, an das Wort von Elmar Leterman: »Man kann praktisch alles auf einer Bühne tun, wenn man es nur so tut, als ob man nicht die leiseste Ahnung hat, daß irgend etwas falsch sein könnte an dem, was man tut.«

Zusammenfassung

● Lassen Sie sich nicht auf ein fachfremdes Thema ein.

● Suchen Sie nicht lange nach Theorien und logischen Gedankengebäuden, sondern nach Beispielen, Anekdoten, Geschichten, Erlebnissen, Merksätzen.

● Verbinden Sie diese Einzelgeschichten geschickt durch rhetorische Fragen und Tatsachen zu einem »logischen« Ganzen.

● Schlagen Sie sowohl bei der Einleitung als auch beim Schluß interessante oder verblüffende Brückenschläge zu dem eigentlichen Thema.

14 Stufen auf dem Weg zu einem Fachvortrag

Auch ein Fachvortrag wird grundsätzlich nicht anders aufgebaut als ein Kurzvortrag. Das heißt: Beginnen Sie mit dem Bekannten, mit dem vorliegenden Material. Erwärmen Sie damit Ihre Fantasie, denken Sie über persönliche Erlebnisse und Erfahrungen nach. Dann erst stellen Sie gezielte Fragen auf und suchen ebenso gezielt nach

Literatur. Wiederum: Beginnen Sie psycho-logisch und **nicht** logisch. Die folgenden Stufen sollen Ihnen in der Praxis ein hilfreicher Leitfaden sein:

1. Arbeitstitel wählen

Lassen Sie sich bei der Themenvergabe nicht in das Prokrustesbett eines fertigen Titels spannen. Wählen Sie vorerst nur einen Arbeitstitel. Erst wenn Sie Ihr gesamtes Material gefunden und durchgesiebt haben, entscheiden Sie sich für einen festen Titel.

2. Aktuelle Zeitungsartikel suchen

Suchen Sie sich zu Ihrem Thema aktuelle Zeitungs- und Zeitschriftenartikel. Versuchen Sie daraus ein wenig den »Trend« abzulesen. Suchen Sie noch nicht systematisch nach Literatur und sonstigen Quellen.

3. Fantasie anfachen

Lesen Sie die Artikel durch und gliedern Sie den Inhalt in einzelne Fragen auf. Notieren Sie sich auch alle Fragen, die Ihnen dabei spontan einfallen. Schreiben Sie jede Frage einzeln auf ein Blatt Papier, ebenso die Antworten, die Sie bereits gefunden haben.

4. Erste Gliederung

Ordnen Sie die bisher notierten Fragen und Antworten mit Blickrichtung auf eine erste Aussage. Folgende Fragen haben sich als Gliederungskonzept bewährt:

- Warum ist dieses Thema aktuell, wichtig, interessant?
- Wie war die Situation in der Vergangenheit?
- Wie war die Entwicklung bis heute?
- Wie sieht die Situation heute aus?

- Welche Konsequenzen/Folgen ergaben sich aus dieser Entwicklung?
  Negativ: Gefahren, Bedrohungen, Schäden, Ängste ...
  Positiv: Hoffnungen, Chancen, Lösungen, Möglichkeiten ...
- Wie lassen sich diese Konsequenzen beweisen?
  Tatsachen, Statistiken, Grafiken, Aussagen, Literatur ...
- Welche Tendenzen zeichnen sich für die Zukunft ab?
- Was ist zu tun? — Vorteile und Nachteile
- Wie können wir vorgehen?
  Appell, Aktionsplan, Forderungskatalog ...

5. Gezielte Suche nach Fragen, Beweisen und Beispielen

Gehen Sie noch einmal Ihr erstes Gliederungskonzept durch. Welche Fragen fehlen noch? Welche Beweise, Tatsachen und Aussagen fehlen noch? Notieren Sie sich alles, wofür Sie verbindliche Antworten brauchen.

6. Gezielte Suche nach Tatsachenmaterial

Jetzt erst — mit dem Gliederungskonzept im Kopf — suchen Sie gezielt in Fachbüchern, Fachzeitschriften, bei Fachverbänden und Instituten nach dem fehlenden Material.

7. Persönliche Erlebnisse, Meinungen, Anekdoten

Durchforschen Sie Ihr Leben nach Erfahrungen, die Sie persönlich zu diesem Thema gemacht haben: Erfahrungen zu Hause, im Betrieb, in der Schule, auf der Universität, beim Bergsteigen ... Begründen Sie damit Ihre persönliche Meinung.

8. Thema diskutieren

Diskutieren und besprechen Sie Ihr Thema mit Kollegen und Bekannten. Übernehmen Sie nicht nur die Verteidigungsstellung. Übernehmen Sie auch die Rolle des eigenen Kritikers.

8. Fachleute interviewen

Begnügen Sie sich nicht mit dem toten Wissen aus Büchern und Statistiken. Nehmen Sie auch Kontakt zu den Autoren, zu Fachleuten und Praktikern auf. Fragen Sie sie gezielt um ihre Meinungen zu bestimmten Problemen.

10. Endgültige Gliederung

Bringen Sie jetzt Ihr gesamtes Material in die richtige Reihenfolge. Zuletzt schreiben Sie alle Gliederungspunkte auf eine Seite — zur besseren Übersicht. Und erst jetzt, wenn Sie den Tenor Ihrer Rede kennen, formulieren Sie Einleitung und Schluß.

11. Erster Probevortrag

Schreiben Sie jetzt noch keinesfalls Wort für Wort Ihr Manuskript, sondern: Versuchen Sie den Wissensstoff zu beherrschen. Sprechen Sie mit Hilfe Ihrer gut geordneten Stichwortzettel (Fragen und Antworten) zu einem wohlmeinenden Zuhörer über Ihr Thema. Das bringt Ihnen folgende Vorteile: Bevor Sie schreiben, kennen Sie schon Ihren Stoff. Während des Vortrages werden Ihnen neue Gedanken kommen. Nützen Sie die Fantasiequelle des Sprechdenkens. Sie merken außerdem wie gut oder »holprig« Ihre Beweise und Beispiele »klingen«. Sie bekommen ein erstes Zeitgefühl für Ihre Rede. Sie bereiten sich darauf vor, »sprechgerecht« zu schreiben und nicht in Schulaufsatzmanier. Sie sind bereits im »Rederhythmus«. Sie erhalten von Ihrem Zuhörer ein notwendiges Urteil über Inhalt, Aussage und Vortrag Ihrer Rede.

12. Manuskript wörtlich ausformulieren

Lassen Sie einen breiten Rand für spätere Einfälle, Regieanweisungen etc. Beschreiben Sie jedes Blatt Papier nur einseitig. Lesen Sie die einzelnen Passagen immer wieder laut vor, damit Sie hören, wie es »klingt« und damit Sie nicht unbewußt in den Stil Ihrer Geschäftskorrespondenz fallen.

13. Zweiter Probevortrag

Versuchen Sie jetzt die Rede zu »lernen«. Markieren Sie dazu die wichtigsten Stichwörter mit einem farbigen Textmarker. Das erleichtert ebenso die Gedächtnisarbeit wie das spätere Vom-Blatt-Lesen. Versuchen Sie, bei diesem zweiten Probevortrag trotz dem wortwörtlich ausgearbeiteten Manuskript soviel Augenkontakt aufrechtzuerhalten wie möglich. Üben Sie das Ablesen von Stichworten. Halten Sie erneut eine Manöverkritik ab. Unter Umständen geben Sie den Zuhörern einen Beurteilungsbogen (siehe S. 104) in die Hand. Kontrollieren Sie noch einmal das Zeitmaß und beginnen Sie dann mit dem letzten Ausfeilen.

14. Letzte Überarbeitung

Nach Ihrem zweiten Probevortrag und den notwendigen Korrekturen legen Sie Ihr Manuskript für eine Woche zur Seite. Danach nehmen Sie es sich nochmals vor, lesen es laut vor und achten auf alle Ungereimtheiten, eckigen Stellen, holprigen »Anschlüsse«, auf unverständliche Fremdwörter und schiefe Vergleiche. Die Kapitel »Gefühle ansprechen und rhetorische Stilmittel« werden Ihnen dabei gute Dienste leisten.

Ein letzter Ratschlag:

Vielleicht werden sich einige Leser fragen, warum ich bei dieser Anleitung so pedantisch in das Detail gehe. Eine

Anekdote soll den Grund verdeutlichen: Auf einer gott-
verlassenen Bahnhofsstation fährt ein Reisender den
Bahnhofsvorstand wütend an: »Seit zwei Stunden warte
ich bereits auf den Eilzug. Zwei Stunden Verspätung —
ich möchte nur wissen, warum Sie eigentlich noch einen
Fahrplan haben!« — »Damit wir wissen, wie groß die Verspätung ist«, antwortete der Bahnhofsvorstand.

Den gleichen Zweck verfolgen auch diese 14 Regeln. Sie
sollen Ihnen als eine Art Checkliste helfen, keinen Punkt
zu übersehen. Und sie sollen Ihnen auch helfen, den Fehler zu finden, wenn es einmal nicht so geklappt hat.

Vier Fallstricke beim Aufbau einer Rede

1. Stoffsammlung

Ein Übermaß an Stoff bekommt keiner Rede gut. Denken
Sie bitte daran: Die Mehrzahl der Zuhörer will zuerst unterhalten und dann erst informiert werden. Die gelungene
Kombination von beiden ist die Zauberformel die ankommt — die »Botschaft mit Humor«.

Deshalb: Verwenden Sie wesentlich mehr Zeit auf alles,
was Ihre Rede lebendig, unterhaltsam, humorvoll und
persönlich macht, als auf die Jagd nach trockenen und
bald überholten Informationen. Arbeiten Sie lieber einen
Gedanken lebendig und originell heraus, als daß Sie zehn
aufgelesene Gedanken nur wiederkauen.

> *Lieber einen tüchtigen Nagel*
> *fest einschlagen, als ein paar Reißnägel*
> *lose hineinstecken*
> Spurgeon

Der praktische Tip:

Für jedes größere Stichwort nehmen Sie eine Klarsicht-
hülle, in der Sie alle Zeitungsartikel, Zeitschriftenartikel,
Fotokopien und interessanten Buchauszüge sammeln.
Obenauf legen Sie eine Leitkarte, auf der Sie das Stich-
wort vermerken und darunter ebenso stichwortartig, was
Sie bisher gesammelt haben. So erhalten Sie schon bei der
Materialsammlung eine erste Gliederung und Übersicht.

2. Stoffauswahl

Der Besitztrieb des Menschen ist oft sein größter Feind,
sich klar und einfach auszudrücken. Wer schon stoßweise
Material gesammelt hat, wer vielleicht auch schon einige
Gedanken aufgeschrieben hat, der gibt eher seine Über-
zeugungen preis als dieses wertvolle Gedankengut. Alles,
aber auch alles muß dann dem Zuhörer mitgeteilt werden.
Haben Sie Erbarmen mit Ihren Zuhörern! Und wenn Sie
kein Erbarmen kennen, haben Sie Angst davor zu langweilen — Voltaire sagt dazu:

*Das Geheimnis zu langweilen,
besteht darin, alles zu sagen*

Der praktische Tip:

Stellen Sie bei der Stoffauswahl Prioritäten auf. Am wichtigsten sind Ihre eigenen, persönlichen Gedanken, dann
die originellen Brückenschläge zu der Situation der Zuhörer, dann Beispiele, Beweise, Anekdoten, Erlebnisse
und Erfahrungen, und erst zum Schluß die sogenannten
harten Tatsachen.

Was bleibt übrig?

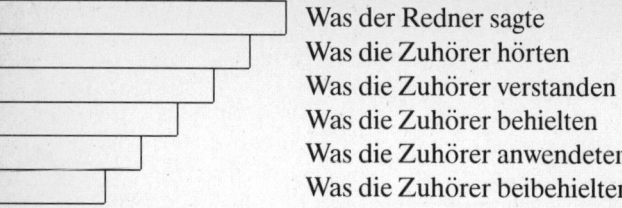

Was der Redner sagte
Was die Zuhörer hörten
Was die Zuhörer verstanden
Was die Zuhörer behielten
Was die Zuhörer anwendeten
Was die Zuhörer beibehielten

3. Redeziel

Ein witziger Mann schrieb einmal: »Wer nicht weiß, wohin er gehen will, kommt am weitesten« — Boshaft könnte man hinzufügen: und er läuft noch heute ...

Ähnlich ist es beim Reden. Wer kein Ziel hat, kann auch nicht treffen. Wer nicht weiß, was er bei seinen Zuhörern erreichen will, wird es nie erreichen. Bei meinen Rhetorikseminaren stelle ich fest, daß gerade dieser Punkt bei den Teilnehmern große Verwunderung auslöst. Weil sie nicht einsehen wollen, daß jede Rede ein ganz bestimmtes Ziel haben muß. Zum besseren Verständnis dienen mir drei Fragen und eine Anekdote.

Meine erste Frage an den Redner lautet: »Welches Ziel wollten Sie mit dieser Rede bei Ihren Zuhörern erreichen?« — Erstaunt sieht der Teilnehmer mich an und sagt dann: »Ich wollte meine Zuhörer über das und das informieren.« — »Wozu?« frage ich weiter. »Damit sie Bescheid wissen.« — »Und warum sollen sie Bescheid wissen?« — Hier geht dann zum erstenmal das Licht auf, daß der Redner nicht nur Rechenschaft ablegen muß über den Inhalt seiner Rede, sondern auch über die Zeit seiner Zuhörer. Daß er wissen muß, was die Zuhörer mit seiner Rede anfangen können, wozu sie ihnen nützt.

Wenn Sie sich diese Frage nicht klar beantworten können, sollten Sie lieber schweigen. Zu Sokrates kam eines Tages ein Mann und wollte bei ihm das Reden lernen. Sokrates hörte ihm lange zu, dann sagte er zu dem jungen Mann: »Ich nehme dich als Schüler an — aber zum doppelten Preis.« — »Wieso?« fragte der Schüler erstaunt. »Weil ich dich in zwei Künsten unterweisen muß: in der Kunst des Redens und ... des Schweigens!«

Der praktische Tip:

Noch bevor Sie mit dem Aufbau Ihrer Rede beginnen, schreiben Sie sich in GROSSBUCHSTABEN das Ziel Ihrer Rede auf. Zum Beispiel:

ICH WILL MEINE ZUHÖRER DAZU BRINGEN, AM ENDE MEINER REDE EINE PETITION FÜR ... ZU UNTERSCHREIBEN!

Legen Sie dieses Ziel sichtbar vor sich auf den Schreibtisch.

4. Themenformulierung

Wenn Sie einer der ganz Großen sind, dann genügt vielleicht die Ankündigung, daß Sie demnächst zu sprechen geruhen. Etwa in der Form: STRAUSS SPRICHT. Für alle anderen Redner aber, die noch jeden einzelnen Zuhörer mit einem wohlwollenden Lächeln bedenken (müssen), ist die Themenformulierung nicht unwichtig. Vorsicht vor allzu reißerischen Titeln. Sie führen zu hohen Erwartungen und nicht selten zu Provokationen. Die Grundregel für Ihren Titel sollte sein: möglichst sachlich und kurz, mit ein bis zwei »Reizwörtern«! — *Fünf verschiedene Möglichkeiten* bieten sich dafür an:

● *Kontroverse*
»Freiheit oder Sozialismus«, »Mitbestimmung oder Fremdbestimmung«, »Staatsbürokratie oder freies Unternehmertum«.

- *Rezept*
  »10 Vorschläge für die Rationalisierung des Kleinbetriebs«,
  »Die Kunst der Gesprächsführung«.

- *Motivansprache*
  »Das Erfolgsgeheimnis von Howard Hughes«, »Manipulieren
  — aber richtig«, »Der Weg zu gesunden Nerven«.

- *Aktualität und Zeitprobleme*
  »Arbeitslosigkeit — ein ständiger Zukunftsalptraum?« —
  »Der Eurokommunismus auf dem Vormarsch«.

- *Problemlösung*
  »Neue Absatzchancen in Entwicklungsländern«, »Wie können Kleinbetriebe ihre Kosten senken«, »Aktuelle Rechtsfra-
  gen heute«.

Vier verschiedene Gliederungen

Eine Gliederung sollte nie Selbstzweck, sondern immer
nur Hilfsmittel für den flüssigen, logischen Fluß der Rede
sein. Je mehr die Gliederung in den Hintergrund tritt zu
Gunsten einer langsamen, aber stetigen Steigerung, um so
direkter fühlt sich der Zuhörer angesprochen.

1. Die Antike Redegliederung,

die noch heute kaum etwas von ihrer Logik verloren hat,
schreibt acht Stufen vor:

1. Wohlwollen der Zuhörer gewinnen
2. Gegenwärtige Situation darlegen (»Wie ist der Zustand?«)
3. Neue Möglichkeiten aufzeigen (»Was könnte statt dessen
   sein?«)
4. Vorschläge begründen
5. Mögliche Einwände vorwegnehmen
6. Tatsachen zusammenfassen
7. Zuhörer begeistern
8. Zur Tat aufrufen

Diese acht Punkte kehren in allen möglichen Gliederungen immer wieder. Eine Kurzfassung begnügt sich mit fünf Punkten:

2. Die Fünf-Punkte-Gliederung

I Interesse wecken

II Kerngedanken nennen

III Vorschläge begründen

IV Vorteile aufzeigen

V Zum Handeln auffordern

Ebenfalls in fünf Punkte gegliedert ist die

3. Standpunktformel

1. **Adressierung** »Das geht euch an!«

2. **Anknüpfung** »Alle, die ihr in diese Bürgerversammlung gekommen seid, um gegen die neue Autobahntrasse zu protestieren ...«

3. **Behauptung** »Eine Autobahn ist der Tod für diese Wohngegend!«

4. **Beweis** »Man rechnet mit einem Verkehrsaufkommen von xy Autos in der Stunde. Das bedeutet ...«

5. **Appell** »Das dürfen wir nicht zulassen! Deshalb ...«

4. Eine ausführliche Gliederung

— deren Fragen allein schon das Thema auflockern — stelle ich Ihnen hier vor:

Einleitung *Thema*
Warum ist dieses Thema für die Zuhörer interessant, aktuell und wichtig?

Aufmerksamkeit
Womit gewinne ich die Aufmerksamkeit der Zuhörer?

Sympathie
Wie gewinne ich das Vertrauen der Zuhörer?

Hauptteil *Kerngedanke*
Was ist der Grund, der Zweck, das Ziel meiner Rede?

Situationsanalyse
Wie war die Situation in der Vergangenheit? — Wie ist die Situation heute? Welche Tendenzen zeichnen sich für die Zukunft ab?

Beweis
Durch welche Zahlen, Tatsachen, Beispiele, Vergleiche kann ich diese Situationsanalyse beweisen?

Folgen
Welche positiven Folgen ergeben sich aus der Situationsanalyse: Hoffnungen, Chancen, Möglichkeiten, Gewinne ...
Welche negativen Folgen ergeben sich: Gefahren, Bedrohungen, Probleme, Sorgen, Verluste ...

Gefühlsansprache
Wie lassen sich diese positiven und negativen Folgen in möglichst bildhaften und gefühlsbetonten Worten »darstellen«?

Motivansprache
Welche Motive werden bei den Zuhörern durch diese Folgen berührt? Wie kann ich sie ansprechen?

Vorschläge
Was sollte anders sein? Was kann man in der Zukunft dafür tun? Wie können wir unser Ziel erreichen? Welche Möglichkeiten gibt es?

Einwände
Welche Vor- und Nachteile sind von diesen Vorschlägen zu erwarten? Welches Risiko ist damit verbunden. Wie groß ist die Chance der Verwirklichung?

Aktion
Wie gehen wir vor? Was ist zu tun? Wer soll was
wann wie tun?

Appell
Zusammenfassung der PRO-Argumente. Aufforderung zum Handeln!

---

14 verschiedene Einleitungen

Der erste Eindruck entscheidet, der letzte bleibt! Das ist
eine alte Weisheit. Die Einleitung ist zugleich Einstim-
mung. Der Zuhörer will nicht von einem »Fremden«
überfallen werden. Viele Höflichkeitsgesten bei der Begrüßung gehen darauf zurück, einem solchen »Überfall«
vorzubeugen: Wer den Hut zog, konnte nicht gleichzeitig
das Schwert ziehen. Wie es einen Blickfang gibt, so gibt es
auch einen Hörfang. In der Einleitung kommt es vor allem darauf an, ein gutes Verhältnis zu den Zuhörern zu
gewinnen. Die folgenden Möglichkeiten sollen Ihnen dabei helfen:

1. *Captatio benevolentiae*
   (= das Bemühen, Wohlwollen zu erlangen)

»Heissa, juchhei, dideldumdei; ja, da geht's hoch her, bin
auch dabei.« So »lustig« springt der Kapuziner bei Schil-
ler in Wallensteins Lager, obwohl er das wüste Treiben
der Soldaten verabscheut. Aber er weiß, ohne von den
Soldaten erst akzeptiert zu werden, hat er keine Chancen,
die Verhältnisse zu ändern.

2. *Humor – Reim – Zitat*

»Ich möchte da beginnen, wo Herr Dr. Gienow voriges
Jahr aufgehört hat. Er sagte damals: Wenn man auf dem
Weg in die oberen Etagen Pfingsten ins Parterre zieht,

dann ändert das nichts daran, daß man Ostern noch im Souterrain gewohnt hat.«

3. Steigerung

»Vor zwei Jahren erhielten wir noch 10% Dividende, voriges Jahr nur mehr 5%, heuer gibt's gar keine mehr — und nächstes Jahr werden wir wohl noch etwas drauflegen müssen!«

4. Anknüpfung an Versammlungsort, Zuhörer, Situation

»In einem Grenzland kennt man die Bedeutung der Grenze …«

5. Erinnerung an die Prophezeiung im Vorjahr

»Als wir uns am 3. März vor einem Jahr hier an der gleichen Stelle getroffen haben, habe ich gesagt, daß das Rentenproblem beileibe kein ›Problemchen‹ ist. Jetzt wissen wir, was es in Wirklichkeit ist …«

6. Wiederholung

»Ich habe es schon vor einem Jahr gesagt, ich habe es auch vor sechs Monaten gesagt und ich sage es heute wieder …«

7. Rückblick

»Wir blicken auf dieses vergangene Jahr gerne zurück, nicht im Zorn, sondern mit Dankbarkeit, auch mit einer gewissen Befriedigung und mit einem berechtigten Stolz …«

8. Gemeinsamkeit

»Reden wir nicht lange um den heißen Brei herum: Wir alle wissen, welche Bedeutung der Kernenergie zukommt;

wir alle wissen, welche Gefahren damit verbunden sind; wir alle wissen, daß wir dagegen etwas unternehmen müssen ...«

9. Überraschung

»Meine Damen und Herren, ist Ihnen bekannt, daß 70 000 Mitarbeiter unserer Firma Belegschaftsaktien erworben haben?«

10. Rhetorische Frage

»Es sieht nicht gut aus um unser Unternehmen. Wir haben in letzter Zeit viel Geld verloren. Das kann man einmal machen, das kann man zweimal machen ... aber wie lange will man das noch in die Zukunft hinein machen?«

11. Wortspiel

»Uns interessiert heute nur eine Frage: Wie hoch muß die Mutter Siemens haften, wenn die Tochter KWU ein Atomkraftwerk baut?«

12. Persönliches Erlebnis

»Ich erinnere mich noch genau, es war vor 36 Jahren, als ich am 1. August 1952 als junger Lehrbub in diesem Unternehmen anfing. Es war ein drückend heißer Sommertag, und meine erste Aufgabe war ...«

13. Aktuelles Ereignis

»Auch der neueste Bericht der Bundesanstalt für Arbeit beweist, daß in absehbarer Zeit die Zahl der Arbeitslosen nicht unter eine Million sinken wird. Ich frage die Verantwortlichen: Wie lange wollen Sie dieser Entwicklung noch tatenlos zusehen?«

14. Geschichte – Anekdote – Beispiel

»Meine Damen und Herren, wir haben heute schon eine ganze Menge guter Ratschläge gehört, aber ich habe einige Vorredner im Verdacht, eine ähnlich königliche Haltung hier an den Tag zu legen, wie einst der französische König Franz I. Als dieser König wegen seines ausschweifenden Lebenswandels von einem Kardinal ermahnt wurde, daß ein König doch der Wegweiser für alle Untertanen seines Reiches sei, antwortete Franz I!: ›Haben Sie schon einmal einen Wegweiser gesehen, der den Weg auch geht, den er weist?‹«

Rhetorische Stilmittel

Cicero sprach einmal davon, wie sehr er mit Erfolg »in seinen Farbtöpfen« gerührt habe, wie er mit allem, was er hatte — Syllogismen, Antithesen, Parabeln — seine Zuhörer entzückt habe. So ähnlich sollten auch Sie die Rohfassung Ihres Redemanuskriptes durch rhetorische Stilmittel aufpolieren und ein wenig zu Glanz und Raffinesse weiterentwickeln.

Die Antrittsbotschaft Präsident Kennedys bietet dafür ein ausgezeichnetes Beispiel. Sein langjähriger Mitarbeiter Schlesinger schrieb darüber: »Keine Kennedy-Rede wurde so oft umgeschrieben wie diese. Jeder Absatz und jeder Satz wurden immer wieder neu formuliert, überarbeitet und gekürzt. Die folgende Aufstellung zeigt, welche Aufmerksamkeit auch den Details und ihrer Formulierung zukam.«

Erster Entwurf
___

Wir feiern heute nicht den Sieg einer Partei, sondern das Symbol der Demokratie.

Jeder von uns, ob er ein Amt hat oder nicht, nimmt teil an der Verantwortung, diese schwierigste aller Gesellschaften auf den Weg der Selbstdisziplin und der Selbstregierung zu führen.

Zweiter Entwurf

Wir feiern heute nicht den Sieg einer Partei, sondern einen Konvent der Freiheit.

In euren Händen, meine Mitbürger, mehr noch als in den meinen, liegt der Erfolg oder der Fehlschlag unseres beschlossenen Kurses.

Dritter Entwurf

Wir begehen heute nicht den Sieg einer Partei, sondern ein Fest der Freiheit.

In euren Händen, meine Mitbürger, mehr noch als in den meinen, wird die Entscheidung liegen, ob unser Kurs zum Erfolg führt oder scheitert.

Bunte, anschauliche Bilder, Anekdoten, Vergleiche oder raffinierte rhetorische Stilmittel findet man in den täglichen Reden und Vorträgen unserer Wirtschaftsführer so spärlich, wie heute Gold in der (einst goldführenden) Isar. Daß es aber keineswegs immer nur die nüchterne, zweckbestimmte Alltagssprache sein muß, zeigen die folgenden Beispiele, die ich teilweise in den Hauptversammlungs-Stenogrammen deutscher Aktiengesellschaften gefunden habe:

1. *Gegensatz* (Antithese)

»Zwischen den Absichten der Regierung und der Rechtsprechung der Gerichte besteht eine Divergenz. Hier muß Klarheit geschaffen werden: Entweder die Regierung gibt dieser Rechtsprechung nach oder sie ändert die Gesetze. Eine andere Möglichkeit gibt es nicht.« (HV Siemens AG)

2. Bild *(Metapher)*

»Wenn man das so ansieht, dann galoppiert die Metallgesellschaft auf fünf Beinen. Sie ist damit also das berühmte
Pferd mit dem fünften Bein, das so viele Leute suchen,
aber nicht finden.« (HV Metallgesellschaft AG)

»Hätte Conti nicht so furchtbar viel Speck auf den Rippen
gehabt, wären wir heute in einer ganz anderen Situation.
Dann müßten wir uns nicht darüber unterhalten, wie gut
es Vorstand und Aufsichtsrat gelungen ist, den Patienten
von der Intensivstation wegzukriegen, sondern darüber,
wann wir uns auf dem Friedhof zur Feier des Begräbnis-
ses treffen sollten.« (HV Continental)

3. Überraschungstechnik *(Sustentio)*

»Natürlich bin ich dafür, daß alle mitreden dürfen — sofern Sie auch wirklich etwas zu sagen haben.«

4. Steigerung

»Wie steigert man Versprechungen? — Grundform: Versprechungen des Bräutigams auf dem Standesamt. Komparativ: Versprechungen von Politikern vor den Wahlen.
Superlativ: Versprechungen des Managements vor Fusio-
nen.« (HV Audi-NSU)

5. Humor – Ironie – Scherz

»Sie haben in Ihrem Geschäftsbericht mindestens 12 leere
Seiten drin. Dabei haben Sie soviel auszusagen. Aber ich
finde einfach, Papier ist zu teuer; und außerdem sollte
man nicht unnütz Bäume fällen, wenn man Papier einspa-
ren kann!« (HV Thyssen AG)

»Gestern erlebte ich zum erstenmal, wie auf ein gutes
Wort auch gleich eine gute Tat folgte. Ich erhielt einen
Brief mit einer hübschen 60-Pfennig-Sondermarke, auf

der stand: Einer trage des andern Last. Dann verlangte mir der Briefträger 80 Pfennig ab — Strafporto.«

6. Kette mit Bildreihe

»Jedesmal, wenn die Regierung eine neue Autonorm erläßt, benimmt sie sich wie ein Elefant, der auf eine Wachtel tritt und dann den Schaden wieder gutmachen will, indem er sich auf ihr Nest setzt, um die Eier warmzuhalten.« (South Carolina Automobile & Truck Association)

7. Kreuzstellung *(Chiasmus)*

Vier Satzglieder werden kreuzweise einander gegenübergestellt: *»Es ist leicht,* über Motivation und Mitbestimmung *zu sprechen,* aber *sehr schwer,* sie erfolgreich *anzuwenden!*

»In guten Jahren Gewinne zu machen, mag einfach sein; aber den Ertrag auch in schlechten Zeiten ständig zu erhöhen, das ist eine Leistung, die wir anerkennen müssen!« (HV Siemens AG)

8. Rhetorische Frage

»Alle Leute bekommen mehr — die Arbeitnehmer, die Angestellten, die Vorstände, die Aufsichtsräte. Wann bekommen auch die Aktionäre endlich einmal mehr?« (HV Klöckner Werke AG)

9. Wörtliche Rede

»Ich frage mich: War diese Entscheidung wirklich richtig oder raufen wir uns in einigen Jahren die Haare und sagen: Hätten wir es besser gelassen!« (HV Klöckner Werke AG)

10. Denkanreiz

»Wissen Sie, warum die Rhetorik für Politiker ein solches Problem darstellt? — Mark Twain hat die Antwort darauf gefunden: weil es so schwierig ist, gleichzeitig zu reden und zu denken. Politiker entscheiden sich für eines von beiden.«

11. Bild

»Bei Hoesch werden Reformen aus dem dünnen Geldbeutel der Kleinaktionäre finanziert und auf dem Rücken der kurzarbeitenden Arbeitnehmer ausgetragen.« (HV Hoesch AG)

12. Übertreibung

»Mit Leder hat Mutter Natur Millionen Jahre experimentiert — was sind da zehn Jahre Erprobung von Synthetic-Materialien?« (Stimme aus der Schuhmacherbranche zur Jahresübersicht)

»Ein Pazifist ist einer, der sich totschießen läßt, um zu beweisen, daß der andere ein Aggressor gewesen ist.« (Ludwig Marcuse)

13. Wortspiel

»Mundwerker gibt es genug — was uns fehlt, sind Handwerker!«

»Sachverständige gibt es in Hülle und Fülle — wo aber gibt es Menschenverständige?«

Verschiedene Schlußformeln

Der Kerngedanke des Referats sollte noch einmal in einem einprägsamen Bild, einer leicht verständlichen Formel, in einem prägnanten Appell gesteigert und verdichtet werden.

1. Beschwörender Appell

»Wir werden deshalb alles tun, um das Andenken an König Ludwig II. zu pflegen, so wahr wir Bayern sind!«

2. Entweder-oder-Formel

»Wir haben keine andere Wahl, als zu rationalisieren oder aus dem Wettbewerb zu fliegen!«

3. Dramatische Steigerung

»Heute können wir noch darüber reden, morgen ist es schon zu spät, und übermorgen haben wir bereits die Katastrophe!«

4. Zusammenfassung

»Aus allem ergeben sich für uns drei wichtige Aspekte: erstens … zweitens … und drittens …!«

5. Ausblick

»Wir stehen am Beginn einer neuen Ära. Wie wir uns heute entscheiden, wird unser Leben bis ins Jahr 2000 beeinflussen!«

6. Aufforderung

»Deshalb fordere ich Sie auf, diese Petition zu unterschreiben — im Namen der Humanität und der Freiheit!«

7. Wortspiel

»Denn der, der hier siegen will, darf nicht von der Vergangenheit gelenkt sein, von der Zukunft keine Ahnung haben und in der Gegenwart auf seinen Lorbeeren ausruhen.«

8. Nutzanwendung

»Wenn Sie diese Ratschläge beherzigen, werden Sie in Zukunft gesünder leben.«

9. Formel, Schlagwort, Zitat

»Wenn Sie morgen Ihr Kreuz machen, denken Sie daran: Sie entscheiden über das Schicksal dieses Landes — über Freiheit oder Sozialismus!«

V Grundregeln der Rhetorik

Keine Angst vor Lampenfieber!

Woher kommt eigentlich das Lampenfieber? Was kann man dagegen unternehmen? — Lampenfieber ist vor allem die Angst vor Unbekanntem, Ungewissem, Unvorhersehbarem. Es ist die Angst vor sich selbst und die Angst vor der Umgebung. Beide Ängste lassen bestimmte psychologische Barrieren entstehen — nach dem Motto: »Das kann ich nie!« oder »Das wird die größte Blamage meines Lebens.« Solche psychologischen Barrieren sind ganz besonders im Hochleistungssport zu beobachten. Es gibt bestimmte »Schallmauern«, also Superrekorde, die halten jahrzehntelang. Plötzlich gelingt es einem, wie seinerzeit dem englischen Mittelstreckler Roger Bannister, die Meile unter vier Minuten zu laufen, und der Bann ist gebrochen. Was jahrzehntelang keinem einzigen gelang, gelingt dann auf einmal gleich mehreren.

Das Lampenfieber — die Angst vor öffentlichem Auftreten — kann also

1. persönlichkeitsbedingt
2. umweltbedingt sein.

Zu den persönlichen Hemmungen zählen solche Angstbarrieren wie: »Das werde ich nie schaffen«, »Ich kann das nicht«, »Mir bleibt bestimmt die Stimme weg«, »Ich werde ganz schwindlig dabei«.

Zu den Umwelthemmungen zählen die Angst vor den Zuhörern (»Die akzeptieren mich nie«), vor dem Raum (»In so einem großen Raum habe ich noch nie gesprochen«), vor der Publikumsreaktion (»Die lachen mich doch aus«).

Daß das Lampenfieber keine Eigenschaft ist, die man hat oder nicht hat, beweist die Erfahrung, daß Redner, die es gewohnt sind, vor 20 oder 30 Leuten zu sprechen, in dieser Situation natürlich kein Lampenfieber mehr haben, sollen sie aber plötzlich vor 300 Leuten in einem großen Saal reden, sehr wohl noch »Fracksausen« bekommen können. Halten wir an dieser Stelle zwei Ergebnisse fest:

1. Lampenfieber entsteht durch die Angst vor Unbekanntem, Ungewissem und Ungewohntem!

2. Lampenfieber ist keine Eigenschaft, die man hat oder nicht hat, die man ein für allemal überwindet, sondern eine »Eigenschaft«, die bei ungewohnten Situationen immer wieder auftreten kann.

In seinem Buch »Die Rede« beschreibt Dale Carnegie, wie Bernard Shaw sein Lampenfieber überwand: »Als Bernard Shaw gefragt wurde, wie er gelernt habe, so unwiderstehlich in der Öffentlichkeit zu sprechen, antwortete er: ›Ich habe es auf die gleiche Weise gelernt, wie ich das Schlittschuhlaufen erlernt habe — indem ich mich zum Narren machte, bis ich es konnte.‹«

Shaw hatte seit seiner Jugend mit Schüchternheit zu kämpfen, und so beschloß er, seine größte Schwäche zu seinem stärksten Kapitel zu machen. Er trat einem Debattierclub bei. Er suchte jede Versammlung in London auf, bei der eine Aussprache zu erwarten war, und jedesmal meldete er sich zu Wort. Sein Thema, für das er sich begeisterte, war die Sache des Sozialismus.

Interessant ist, wie ein anderer Geistesfürst seine Schwindelfurcht besiegte. Goethe schreibt darüber selbst in seinem Tagebuch: »Ich erstieg ganz allein den höchsten Gipfel des Münsterturms und saß in dem sogenannten Hals, unter dem Knopf oder der Krone, wie man's nennt, wohl eine Viertelstunde lang, bis ich es wagte, wieder heraus in die freie Luft zu treten, wo man auf einer Platte, die kaum eine Elle ins Gevierte haben wird, ohne sich sonderlich anhalten zu können, stehend, das unendliche Land vor sich sieht, indessen die nächsten Umgebungen und Zierarten die Kirche und alles, worauf und worüber man steht, verbergen. Es ist völlig, als wenn man sich auf einer Mongolfiere in die Luft erhoben sähe. Dergleichen Angst und Qual wiederholte ich so oft, bis der Eindruck mir ganz gleichgültig ward.«

Der praktische Tip

1. Stellen Sie fest, wovor Sie am meisten Lampenfieber haben: vor den unbekannten Zuhörern, dem unbekannten Raum, dem unbekannten Thema oder Ihrem eigenen unbekannten Ich.

2. Versuchen Sie, diese »unbekannte Gefahr« herauszufordern, so oft es geht! Aber nicht mit Gewaltakten, sondern langsam in Stufen. Sprechen Sie zuerst vor 5, dann vor 15, dann vor 30, schließlich vor 70, 100 und mehr Leuten. Nehmen Sie keine zu großen Stufen. Der Erfolgsschwung der zuletzt bewältigten »Stufe« soll Sie auf die nächste Stufe tragen.

3. Sprechen Sie über ein Thema, das Sie persönlich sehr gefühlsmäßig berührt, über das Sie sich aufregen, ärgern, begeistern können.

4. Nehmen Sie auch den kleinsten Erfolg nicht als Selbstverständlichkeit hin, sondern freuen Sie sich darüber, daß Sie die Einleitung geschafft haben.

5. Nehmen Sie am Anfang einen »geliebten oder vertrauten« Gegenstand, eine Art Talisman, mit, auf den Sie zuerst bestimmte Gefühle »übertragen«, um sie dann bei Gelegenheit wieder »abzurufen«. Viele Künstler haben einen solchen Talisman bei sich, der ihnen nicht allein Glück bringt, sondern auch helfen soll, sich schneller zu konzentrieren.

6. William James sagte: »Handle mutig und du wirst mutig!« Um dieses Mutgefühl zu unterstützen, können Sie sich vorstellen, daß jeder einzelne Zuhörer Ihnen Geld schulde; ja daß sie gekommen sind, Sie um ein Darlehen zu bitten.

Mit Bewußtsein sprechen

Viele Schauspieler zwingen sich kurz vor ihrem Bühnenauftritt zu einer gedanklichen Konzentration. Mehrmals wiederholen sie autosuggestiv: »Ich spreche jetzt!«, um sich so auf den ersten Sprecheinsatz zu konzentrieren. Machen Sie nicht den Fehler, diesen ersten Laut für zu unwichtig zu halten. Auch für das gesprochene Wort gilt: »Der erste Eindruck entscheidet, der letzte bleibt.«

Wenn Sie sich einmal kurz vor Augen halten, wieviel in unserer Umgangssprache auf die Wortwurzeln »stimm« zurückgeht, werden Sie schnell sehen, welche Bedeutung der Stimme zukommt. Hier eine kurze Auswahl: Stimme — Stimmung — Stimmenfang — stimmt — unstimmig — verstimmt — bestimmt — gestimmt — unbestimmt — eingestimmt — bestimmen — abstimmen ... Eine ganze Sprach- und Umgangspsychologie steckt in diesen Wörtern, hinter denen sich ebenso bewußt wie unbewußt die geheimnisvolle Wirkung unserer Stimme verbirgt.

Und wie sprechen die meisten Menschen? — Unbewußt, automatisch, reflexhaft! Sie verlieren sich in der Hitze des Gefechts, verschlucken Silben und Konsonanten, verhaspeln sich in ausweglosen Sprachsackgassen und reden »wie Ihnen der Schnabel gewachsen« ist. Bei ständig steigender Stimmhöhe und zunehmender Sprechgeschwindigkeit unterbrechen sie nur, wenn akute Atemnot eintritt. Sie schleudern ihrem Gegenüber Phrasen, Allerweltwörter und Gemeinplätze ins Gesicht und offenbaren in ihrem Gesicht die geheimsten Welten, indem sie alles zur

Schau stellen, was sie bewegt: Skepsis, Mißtrauen, Sympathie, Antipathie, Abwehr, Ärger. 95 Prozent der Menschen sprechen ohne »Bewußtsein« mit einer zweckmäßigen, nüchternen Sprache ohne Modulation und Melodie. Sie sprechen nicht mit dem andern, sondern über ihn hinweg — im Einmanndialog. Sie »plätschern« an der Oberfläche, ohne je Tiefenwirkung zu erreichen. Deshalb vergessen Sie nicht: VERLIEREN SIE BEIM REDEN NICHT DIE BESINNUNG, SONDERN BESINNEN SIE SICH AUF DIE WIRKUNG! Der oft wiederholte autosuggestive Konzentrationssatz vor jedem Sprecheinsatz — »Ich spreche jetzt!« — wird Ihnen dabei gute Dienste leisten.

Gewinne die Aufmerksamkeit der Zuhörer!

Mark Twain sagte einmal: »Nur Geschichten sind wirklich lesbar.« Damit wollte er sagen, die Menschen sind nicht so sehr an logischen, zweckmäßig-nüchternen Tatsachen und Informationen interessiert, sondern an den lebendigen Ereignissen des Lebens. Sie akzeptieren eine Botschaft, wenn sie Ihre Fantasie anspricht, wenn sie sich durch die Schilderung der Lebensumstände mit dem Vorfall identifizieren können.

Das Neue Testament bietet dafür das beste Beispiel. Die ganze Botschaft wird in Gleichnissen, Beispielen, Anekdoten und Geschichten erzählt; mit Personen, die leben und leiden. Erst begabten Religionspädagogen blieb es vorbehalten, daraus einen strohtrockenen, stupiden Frage- und Antwort-Katechismus zu machen.

Warum werden die Readers-Digest-Hefte in aller Welt in Millionenauflage verkauft? — Weil man auch hier das gleiche Rezept anwendet, mit dem man die Aufmerksamkeit der Menschen gewinnt: Das Rezept lautet: *Menschliche Probleme von Menschen wie DU und ICH in spannen-*

de und dramatische Geschichten zu verpacken. Doch für die meisten Reden, die bei uns gehalten werden, gilt eine andere Regel: »Je abstrakter, um so geistiger, je akademischer, um so wissenschaftlicher, je unverständlicher, um so gelehrter.« — Das Ich des Redners als Mensch mit Gefühlen und Problemen, Erlebnissen und Erfahrungen, Hoffnungen und Enttäuschungen tritt schamhaft hinter einer spanischen Wand hochtrabender Wortklingelei zurück. Das Fazit: In den meisten Reden werden persönliche Erlebnisse und Erfahrungen so peinlich ausgeklammert, als handle es sich allemal um uneheliche Fehltritte, die man der Öffentlichkeit verschweigen möchte.

Aufmerksamkeit wird aber nur der Redner erringen, der »persönlich« wird, der auf die persönlichen Bedürfnisse und Erwartungen seiner Zuhörer eingeht und der sich nicht selbst drei Schritte hinter seine Rede stellt, sondern sich durch seine eigenen persönlichen Erfahrungen zu ihr bekennt.

Neben dieser grundsätzlichen Regel, »persönlich zu werden«, gibt es noch eine Reihe weiterer Möglichkeiten, die Aufmerksamkeit der Zuhörer zu fesseln:

---

① **Aufmerksamkeit durch Veränderungen**	*Der Redner kann folgende Veränderungen vornehmen:*
● *Körper*	Er kann hin- und hergehen, auf die Zuhörer zugehen, in die Zuhörerreihen hineingehen.
● *Dinge*	Er kann das Pult, den Tisch, einen Stuhl, die Tafel verrücken (evtl. mit Hilfe eines Zuhörers).
● *Stimme*	Er kann hoch oder tief, laut oder leise, sachlich oder melodisch sprechen. Er kann brüllen oder flüstern, stakkato sprechen oder plötzlich schweigen.

● *Gestik*	Er kann diszipliniert mit sparsamen Gesten sprechen oder plötzlich explodieren, er kann ruhig den Zeigefinger heben oder mit beiden Fäusten auf den Tisch trommeln.

② Aufmerksamkeit durch visuelle Mittel

Der Redner kann folgende visuelle Mittel einsetzen:

● *Abwechslung*

Er kann eine Tafel, ein Flipchart, einen Overheadprojektor, einen Diaprojektor, eine Tonbildschau oder einen Videorecorder verwenden.

● *Größe*

Er kann großflächige Zeichnungen als Kontraste neben kleinflächige setzen.

● *Farbe*

Er kann Farbkontraste verwenden (z.B. Grün-Rot).

● *Leben*

Er kann ein bewegliches Modell vorführen oder Zuhörer als Teilnehmer in einem Rollenspiel einsetzen.

③ Aufmerksamkeit durch persönliche Kontakte

Der Redner kann immer wieder bestimmte Personen und Zuhörergruppen persönlich ansprechen und mit Namen nennen:

● *Dank*

Er kann dem Veranstalter, den Ehrengästen, den Vereinsmitgliedern, den Helfern und Freunden namentlich seinen Dank aussprechen.

● *Ansprache*

Er kann auf bestimmte Leistungen, Erfahrungen, Erlebnisse, Vorzüge einer Person oder bestimmter Zuhörer hinweisen. **Die Nennung eines Namens erhöht spontan auch die Aufmerksamkeit der anderen Zuhörer. Sie ist die wirksamste Methode, die Aufmerksamkeit zu erhalten.**

| • *Blickkontakt* | Er kann einzelne Zuhörer anschauen. Er kann die Zuhörer in der ersten oder letzten Reihe anschauen. Er kann »springen« — indem er gezielt bestimmte Zuhörer anblickt. |

---

④ **Aufmerksamkeit durch Wiederholungen**

Der Redner kann folgende Wiederholungen vornehmen:

• *Zwischenbilanz*	Er kann nach jedem größeren Abschnitt seine Ausführungen zusammenfassen, aufzeigen, was man bereits behandelt hat, was noch folgt.
• *Kerngedanken*	Er kann die/den Kerngedanken immer wieder schlagwortartig ins Gedächtnis zurückrufen. Er kann den Kerngedanken immer wieder in einem anderen Beispiel demonstrieren.
• *Zeichnung*	Er kann sich auf eine Schautafel beschränken und daran immer wieder das Wesentliche aufzeigen.
• *Wiedererkennung*	Er kann neue Beispiele durch die bereits mehrfach wiederholten Regeln überprüfen lassen (»Wie wir nun bereits wissen ...«).

---

⑤ **Aufmerksamkeit durch unterschiedliche Lehrmethoden**

Der Redner kann seine Vortragsweise variieren:

| • *Formeln* | Er kann das Wesentliche seiner Aussagen in bildhaften, leicht merkbaren Formeln bringen. |
| • *Diskussion* | Er kann entweder an die Zuhörer direkt Fragen stellen oder zumindest die Zuhörer durch eine rhetorische Frage (»Fragen wir uns doch einmal, wie kam es dazu?«) miteinbeziehen. |

- *Dialog*　　　　　　Er kann einen Text in Form einer
　　　　　　　　　　　wörtlichen Rede und Gegenrede for-
　　　　　　　　　　　mulieren.

- *Experiment*　　　　Er kann einen Vorgang wie die Vor-
　　　　　　　　　　　bereitung und Durchführung eines
　　　　　　　　　　　Experiments beschreiben. (»Als er-
　　　　　　　　　　　stes brauchten wir ... danach holten
　　　　　　　　　　　wir ...«)

- *Medien*　　　　　　Er kann verschiedene Medien einset-
　　　　　　　　　　　zen: Tafel, Flipchart, Overheadpro-
　　　　　　　　　　　jektor, Diaprojektor ...

- *Präsentation*　　　Er kann einen Vorgang durch Model-
　　　　　　　　　　　le, Demonstrationsobjekte, Requisi-
　　　　　　　　　　　ten (z. B. eine Tageszeitung), durch
　　　　　　　　　　　die Vorführung eines Versuchs le-
　　　　　　　　　　　bendiger gestalten.

---

⑥ Aufmerksamkeit durch Drama, Spannung, Geheimnis

- *Rezept*　　　　　　»... werde ich Ihnen 5 Ratschläge
　　　　　　　　　　　geben, die Ihr Leben entscheidend
　　　　　　　　　　　verändern können ...«

- *Geheimnis*　　　　»Millionen leiden heute an Bluthoch-
　　　　　　　　　　　druck. Dabei kann man dieses tücki-
　　　　　　　　　　　sche Leiden durchaus unter Kontrolle
　　　　　　　　　　　bringen, wenn man nur weiß, wie ...«

- *Test*　　　　　　　»Das richtige Wissen zu haben, ist
　　　　　　　　　　　heute wichtiger denn je. Prüfen Sie
　　　　　　　　　　　mit mir, ob Ihre Kenntnisse auf dem
　　　　　　　　　　　neuesten Stand sind!«

- *Spannung*　　　　»Warum fühlen Sie sich an manchen
　　　　　　　　　　　Tagen in einem Stimmungshoch und
　　　　　　　　　　　an anderen in einem Tief? Dafür gibt
　　　　　　　　　　　es eine faszinierende Theorie ...«

Ohne Sympathie kein Vertrauen

Wie der Bauer zuerst sein Feld pflügen muß, um es für den Samen aufnahmebereit zu machen, so muß auch der Redner zuerst die Sympathie seiner Zuhörer gewinnen, bevor sie ihm Glauben schenken. Dieses Gefühlsband der Sympathie ist die Voraussetzung für jede Tiefenwirkung. In der Verkaufspsychologie sagt man: »Was das Herz begehrt, rechtfertigt der Verstand.« Das gleiche gilt auch für den Redner. Kein Zuhörer setzt sich nur mit den logischen Argumenten und Beweisen der Rede auseinander. Er setzt sich auch mit der Person des Redners auseinander. Dies sowohl aus logischen wie psycho-logischen Gründen: Der Zuhörer hat nur in den wenigsten Fällen die Möglichkeit, die Beweise des Redners auf ihre Stichhaltigkeit zu überprüfen. Er muß vorerst diesen Beweisen vertrauen. Das heißt: Er muß dem Redner vertrauen. Vertraut er ihm nicht (unbewußt!), wird er seinen Beweisen auch nicht trauen. Diesmal bewußt!

Diese notwendige Sympathiegewinnung hat nichts mit Anbiederung oder mit plumper Vertraulichkeit zu tun, viel eher mit psychologischen Gesetzmäßigkeiten. Wer Antipathie erzeugt, erzeugt automatisch Abwehr. In gleichem Maße schwindet auch seine Überzeugungskraft. Das Publikum — so weiß man es seit Le Bon's Zeiten — läßt sich lenken und verführen. Aber — und das machen sich noch zu wenige bewußt: Es verlangt auch seinen Preis! Es verlangt, daß sich der Redner am Anfang seiner Rede mit den Werten und Vorstellungen seiner Zuhörer identifiziert. Diese Identifikation mit den Zuhörern geschieht durch die bewußte Betonung von »**Gemeinsamkeiten**«:

1. Gemeinsamkeit im äußeren Verhalten

Der Redner gibt durch seine Kleidung, seine Sprache, seine Gestik und Mimik, sein Zeit- und Ortsverständnis zu verstehen, inwieweit er die Normen seiner Zuhörer achtet. Dazu ein drastisches Negativbeispiel: Ein wilder Punker mit Szene-Jargon und aufrüttelnder Revoluzzergestik wird vor umsatzbesorgten Handwerksmeistern auch nicht die geringste Chance haben, überzeugend zu wirken.

2. Gemeinsamkeit bei den Werten und Vorstellungen

Der Redner wird nur dann verstanden werden, wenn bestimmte Begriffe wie z.B. »Demokratie«, »Freiheit«, »Eigentum« vom Redner wie von den Zuhörern gleich inhaltlich interpretiert werden. Ein kommunistischer Funktionär aus der DDR wird unter dem Begriff Demokratie etwas ganz anderes verstehen als sein Gesprächspartner aus der Bundesrepublik.

Ähnlich ist der Fall bei den nachfolgenden Assoziationen. Das Wort »Eigentum« wird bei dem einen sofort das Bild des ausbeuterischen Kapitalisten heraufbeschwören, der das Eigentum allein zur Mehrung seiner persönlichen Macht und seines persönlichen Nutzens verwendet, bei dem anderen dagegen das Bild des Eigenheims, das ihm als Voraussetzung für ein sorgenfreies Leben gilt.

3. Gemeinsamkeit bei den Problemen und Bedürfnissen

Am besten wird der Redner »ankommen«, der es versteht, die bewußten wie unbewußten Probleme, Sorgen, Ängste und Nöte der Zuhörer beim Namen zu nennen und sich zu ihrem Sprachrohr zu machen.

Redner und Zuhörer sind anfangs durch einen Wassergraben von Fremdheit und Abwehr getrennt. Dem guten Redner gelingt es, relativ rasch eine Brücke ans andere Ufer zu schlagen. Und der sicherste Brückenkopf ist noch allemal, das auszusprechen, was die anderen bedrückt, was ihnen auf den Nägeln brennt, was ihnen auf der Seele liegt.

Amerikanische Psychologen haben die Sympathie sogar einer eigenen Forschung unterzogen und dabei *»Sympathieregeln«* entdeckt, die immer wieder auf irgendeine Gemeinsamkeit hinauslaufen.

Wir mögen Menschen, die

- uns physisch nah sind (Eltern, Geschwister ...)
- unserer Meinung sind
- ihrer Persönlichkeit nach uns ähnlich sind
- unsere Bedürfnisse befriedigen
- Bedürfnisse haben, die wir befriedigen können
- über anerkannte Fähigkeiten und Kompetenzen verfügen
- angenehm sind und schöne Dinge tun
- uns mögen

Von diesen acht Sympathieregeln basieren sieben auf Gemeinsamkeiten — auf der Gemeinsamkeit der Abstammung und der Meinungen, der Persönlichkeit und der Bedürfnisse, der Selbsteinschätzung und der Verhaltensweise.

Wie man die Zuhörer überzeugt

Jetzt erst, wenn die Zuhörer den Redner akzeptiert haben, kann er beginnen, sie von seiner »Botschaft« zu überzeugen. Die ersten vier Regeln — Bewußtseinskontrolle, sicheres Auftreten, Aufmerksamkeits- und Sympathiegewinnung — dienen dazu, die Zuhörer für die eigentliche »Botschaft« aufgeschlossen zu machen. Jetzt erst beginnt die eigentliche Überzeugungsarbeit. Auch dafür gibt es ganz bestimmte Regeln. Psychologen haben festgestellt:

Die Wahrscheinlichkeit, »überzeugend« zu wirken, ist um so größer, je mehr der Redner

1 als Experte angesehen wird

2 den Eindruck erweckt, ohne Hintergedanken zu sprechen

3 offen seine Absichten zugibt (nicht bei emotionalen Themen!)

4 anfangs Ansichten äußert, die denen der Zuhörer ähnlich sind

5 die Werte und Einstellungen des Publikums teilt

6 es riskiert, eher überhört zu werden, als aufdringlich zu erscheinen

7 klar die Folgerungen ausspricht

8 konkrete, praktische Vorschläge macht, nachdem er leichte Angstgefühle hervorgerufen hat

9 beide Seiten einer Angelegenheit erörtert (wenn das Publikum anfangs anderer Meinung ist), nur eine Seite (wenn das Publikum ohnehin schon auf seiner Seite ist)

10 als Letzter spricht, wenn zwei Ansichten zur Entscheidung stehen

11 den speziellen Publikumsmerkmalen (Alter, Landsmannschaft ...) Rechnung trägt

12 für größere Veränderungen (mit Ausnahme von Extremen) plädiert

---

Als Hans Apel auf einer Wahlkampfversammlung in München sprach, begann er seine Rede: »Wer auch immer der Oberbürgermeister dieser schönen Stadt ist, kann mit den Einnahmen des Stadtsäckels mehr als zufrieden sein. Die Initiative seiner Unternehmer, der Fleiß seiner Geschäftsleute, die Anstrengungen aller Beschäftigten in den

Großbetrieben ebenso wie in den Kleinbetrieben haben dazu beigetragen ...«

Nachdem der Redner von den Zuhörern als einer der Ihren und als Fachmann akzeptiert wurde, muß er durch gezielte Strategien die Zuhörer von den Vorteilen seiner Ideen, Ziele und Absichten überzeugen.

Die Zuhörer werden um so mehr ein bestimmtes Ziel anstreben, je überzeugender der Redner darauf hinweist, daß

1 das Ziel unmittelbare Vorteile bringt

2 das Ziel zu den wichtigsten gehört, die man anstreben kann

3 die Zuhörer das Ziel verdienen

4 das Ziel leicht zu erreichen ist

5 das Ziel zum Überleben wichtig ist

6 das Ziel jenen Vorteile bringt, mit denen der Zuhörer verbunden ist

7 das Ziel lang anhaltende oder dauerhafte Vorteile bringt

8 das Ziel von weniger würdigen Menschen nicht angestrebt wird

---

Um die Zuhörer dazu zu bewegen, ein bestimmtes Ziel aufzugeben, kann der Redner betonen, daß

1 das Ziel der Zuhörer unwürdig ist

2 andere Ziele wichtiger und dringlicher sind

3 das Ziel nutzlos und unnötig ist

4 das Ziel Nachteile bringen würde

5 das Ziel schwer zu erreichen ist

Wünsche und Motive ansprechen!

Jeder Zuhörer hat seine eigenen Motive. Sie sind abhängig vom Alter, vom Beruf, von der augenblicklichen privaten und beruflichen Situation jedes einzelnen. In den meisten Fällen handelt es sich auch nicht um ein Motiv, sondern um ein ganzes Motivbündel, dessen Einzelmotive sehr wohl miteinander im Wettstreit liegen können. — Doch es gibt Grundmotive, die fast alle Zuhörer gemeinsam haben; Grundmotive, die durch den Redner voll bewußt und beherrschend gemacht werden können.

Hugh Champbell ermittelte folgende vier Grundwünsche des Menschen:

> • Geliebt zu werden
> • Geachtet zu werden
> • Recht zu haben
> • Wichtig zu sein

Ein Zuhörer, der »freiwillig« zu einer Redeveranstaltung kommt (und nicht, wie es so oft in Firmen geschieht, zu Seminaren, Tagungen und Konferenzen verdonnert wird), könnte vielleicht folgende Motive haben:

Er möchte

- daß er als einzelner oder als Mitglied einer Gruppe begrüßt wird
- daß er für sein Kommen und Ausharren gelobt wird
- daß er bei Zwischenrufen, Diskussionen für wichtig und ernst genommen wird
- daß der Redner seine geheimen Wünsche und Hoffnungen sich zu eigen macht und Wege zu ihrer Verwirklichung zeigt

- daß er und das ganze Publikum vom Redner als bedeutend und besonders intelligent anerkannt wird

- daß sein augenblicklich drückendstes Problem vom Redner angesprochen wird

- daß er Rezepte bekommt, wie man gesünder lebt, besser verdient, leichter arbeitet, mehr Freunde, mehr Sicherheit, mehr Prestige ... gewinnt

- daß seine Ängste genannt werden, jedoch so, als ob andere sie hätten (damit er sein Gesicht wahren kann!)

- daß er sich über andere lustig machen darf und bestätigt bekommt, besser zu sein als die anderen

- daß er seinen Groll und seine Aggressionen loswerden kann, vor allem gegenüber nicht anwesenden Dritten, die beschuldigt werden ...

- daß er in seinen Werten, Einstellungen, Ansichten bestätigt wird

- daß er das Gefühl der Solidarität und gemeinschaftlichen Stärke genießen kann, vor allem, wenn es sich um die Durchsetzung einer gerechten oder der Abwehr einer ungerechten Sache handelt.

Ohne Gefühlsansprache keine Tiefenwirkung

Was unterscheidet den Redeprofi sofort von einem Amateur? — Die bessere Aussprache, Atemtechnik, Stimmtechnik? Kaum. Diese Eigenschaften nimmt man nur dann wahr, wenn sie störend wirken. Nein, es ist etwas anderes. Es ist die Fähigkeit, zu jedem Publikum einen intensiven Kontakt herzustellen, die Fähigkeit, die jeweilige Stimmung der Zuhörer auszuloten und dementsprechend zu reagieren.

Nehmen wir diese Fähigkeiten etwas genauer unter die Lupe, so erkennen wir drei herausragende Begabungen:

1. Das Einfühlungsvermögen

Der gute Redner kann sich in kürzester Zeit in die Stimmung, in die Erwartungen und Ansprüche seiner Zuhörer hineinfühlen und darauf reagieren. Von Cicero weiß man, daß er manch ausgefeilte Rede aus dem Senat wieder mit nach Hause nahm. Ungesprochen — weil er nicht die Stimmung im Senat vorgefunden hatte, für die er seine Rede ausgearbeitet hatte.

2. Die Kontaktfähigkeit

Ein guter Redner gewinnt in kürzester Zeit — ohne plumpe Anbiederung — Kontakt zu seinen Zuhörern, vermittelt den Zuhörern das Gefühl, als spräche er zu jedem einzelnen, schlägt sie in seinen Bann und entläßt sie bis zum Schluß der Rede nicht mehr aus der Spannung seines Willens.

3. Die Verhaltensbreite

Der gute Redner verfügt nicht nur über einen wesentlich weit gespannteren Stimmbogen, über eine ausdrucksstärkere Gestik und Mimik, über einen raffinierteren Wortschatz, sondern er verfügt vor allem über die Fähigkeit, seine Gefühle eindrucksvoll darzustellen — und sie auch ebenso direkt bei seinen Zuhörern anzusprechen. Dabei reicht seine »Gefühlsskala« vom genau berechneten Wutanfall bis zur überströmenden Herzlichkeit, von der biedermännischen Zurückhaltung bis zum demagogischen Donnergetöse.

Verehrter Leser, Sie werden nun mit Recht fragen, ob Sie dazu angeleitet werden sollen, wie ein heulender Derwisch zu schreien, mit den Fäusten auf das Pult zu trommeln oder hysterische Wutanfälle zu bekommen? — Keine Angst! Erstens, wenn dies Ihrem Naturell nicht liegt oder sie kein Fünkchen Schauspielerbegabung haben, werden Sie das weder tun noch schaffen. Zweitens liegt ja die ganze Kunst dieser Verhaltensbreite darin, im richtigen Augenblick richtig zu handeln. Nicht echt wirken, sondern echt spielen, heißt das Motto! Drittens sollte dies auch nur eine Aufforderung sein, jene eintönige, langweilige, knochentrockene Zweckstimme und Verhaltensweise aufzugeben, die 95 Prozent unserer Mitmenschen beim Reden offenbaren.

Wie können Sie jemanden zum Brennen bringen, wenn Sie selbst nicht brennen? Wie können Sie beim anderen ein Feuer entzünden, wenn Sie selbst in sich kein Feuer verspüren? — Jeder aber, der überzeugen will, der Tiefenwirkung erreichen will, muß fähig sein, Gefühle zu offenbaren und Gefühle anzusprechen. *Warum ist das Gefühl soviel wichtiger als der Verstand?*

- weil das Gefühl einen höheren Gedächtniswert hat als der Verstand
- weil das Gefühl wesentlich mehr Energien mobilisiert als der Verstand
- weil das Gefühl wesentlich schneller glaubt als der Verstand
- weil das Gefühl die Menschen weit mehr verpflichtet als der Verstand

Dazu vier Beispiele:

1. Wenn Sie als 16jähriger noch von Ihrem Vater eine Ohrfeige bekommen haben, bleibt das Gefühl der Demütigung weitaus länger in Ihrem Gedächtnis haften als der Vorgang selbst.

2. Welcher Starredner schafft es heute, 75 000 Leute bei schlechtem Wetter zu einer Versammlung zu locken? Ein interessantes Fußball-Länderspiel schafft das mühelos.

3. Bei einem Sensationsprozeß, bei dem es um Liebe, Sex und Verbrechen geht, haben die meisten Zuhörer das Urteil gesprochen, noch bevor der Prozeß beginnt.

4. Gefühlswerte wie Ehre, Tapferkeit, Mut, Feigheit, Vaterland haben mehr Leuten das Leben gekostet als alle Waffen zusammen.

Wie spricht man Gefühle an? — Am besten durch möglichst plastische Bilder, die die Fantasie und Vorstellungswelt der Zuhörer anregen und deren wichtigste »Reizworte« bestimmte Gefühlswerte beinhalten. Mit diesen Bildern soll der Zuhörer an bestimmte Situationen »erinnert« werden, bei denen er die gleichen Gefühle empfand, die er jetzt in dem Vortrag empfinden soll.

Schauen wir doch einmal Redeprofis — den Politikern — über die Schulter, wie sie es verstehen, mit »gefühlsbelasteten« Bildern Stimmung zu machen. Achten Sie auf diese besonderen *(kursiven)* »Reizworte«! Besonders erfolgreich ist diese Bildertechnik, wenn sie noch mit einer prägnanten Formel oder einem beschwörenden Appell verbunden wird.

Die folgenden »wörtlichen« Aussprüche auf der rechten Seite habe ich verschiedenen Zeitungen und Zeitschriften sowie dem Bundesanzeiger (Parlamentsberichte) entnommen. Um objektiv zu sein, habe ich die Namen der Urheber weggelassen. Auf der linken Seite steht, wie man das gleiche auch sachlich sagen kann:

Sachliche Vortragsweise	Gefühlsbetonte Ansprache
Die Energielücke soll gegenüber den Bürgern als Druckmittel für die Kernenergie angewendet werden.	»Die Energielücke halte ich für einen *Knüppel*, mit dem der Bürger zur Kernenergie *geknüppelt* werden soll.«
Grobe Verunglimpfungen sind noch nie als Grundlage sachlicher Zusammenarbeit geeignet gewesen.	»Der Leitsatz ›*Und willst du nicht mein Bruder sein, so schlag ich dir den Schädel ein*‹, ist noch nie als Grundlage sachlicher Zusammenarbeit geeignet gewesen.« ▷

Sachliche Vortragsweise	Gefühlsbetonte Ansprache
Der Lohnsteuerzahler darf vom Staat nicht ständig überfordert werden.	»Der Lohnsteuerzahler darf nicht ständig zur *Melkkuh der Nation* gemacht werden.«
Diese Politik handelt unter falschen Voraussetzungen.	»Diese Politik gleicht einem *Acker, auf dem falsches Getreide* angebaut wurde.«
Der Bürgerblock im Rathaus hat das Ziel, eine Linkspolitik zu vermeiden.	»Der Bürgerblock im Rathaus betrachtet sich als die *Feuerwehr, die linke Brände löscht*.«
Die Industrieabwässer haben diesen schönen Fluß verschmutzt.	»Die Industrieabwässer haben diesen *lieblichen, kleinen* Fluß zu einer *übelriechenden Kloake* gemacht.«
Landrat A hat unter schwierigsten Umständen angefangen.	»Landrat A ist 1980 in *Startlöcher gestiegen,* die weniger geeignet schienen, *Halt zu geben,* als dem Startenden ein *Bein zu brechen*.«
Im Vergleich zu den Verhandlungen heute war die Steuerreform von 1974 harmlos.	»Im Vergleich zu dem *Steuerpoker,* für den die *Karten* jetzt gemischt werden, war die Steuerreform von 1974 *harmloser schwarzer Peter*.«
Der Versuch, den Liberalismus zu definieren, endete bisher stets ergebnislos.	»Der Versuch, Liberalismus zu definieren, endete bisher stets wie das Bemühen, *einen Pudding an die Wand zu nageln*.«
Natürlich lassen sich auch durch das Anschnallen im Auto nicht immer Verletzungen ganz vermeiden. Aber ist es nicht besser, lieber diese in Kauf zu nehmen als den Tod?	»Natürlich gibt es auch beim Gurt kleinere Verletzungen. Aber die sollte man bewußt in Kauf nehmen: ›*Lieber blaue Flecken auf dem Bauch als weiße Chrysanthemen auf dem Grab!*‹«

Sachliche Vortragsweise	Gefühlsbetonte Ansprache
Die Lärmbelästigungen sind unerträglich. Die Leopoldstraße wird durch Essensabfälle verschmutzt, und überdies brauchen wir hier keine Boutiquen mit einem exklusiven Publikum.	»Die Lärmbelästigungen grenzen bereits an *Terror*, und Teile der Leopoldstraße erwecken zunehmend den Eindruck einer *mit Pizzadeckeln übersäten Ketchup-Rutschbahn* ... und überdies brauchen wir in Schwabing keine *Pseudo-Schickeria-Buden mit Schlipsträgerpublikum.*«
Ich verzichte auf persönliche Verunglimpfungen.	»Ich denke nicht daran, in eine *Olympiade der Beschimpfungen* einzusteigen.«

In China sagt man: »Ein gutes Bild ersetzt 1000 Worte.« Das gilt natürlich auch für die Rede.

In diesem Kapitel wollen wir über die richtige Vortragstechnik sprechen. Über die Atemtechnik, Stimmtechnik,
Sprechtechnik, Pausentechnik, Satztechnik und was sonst
noch zu einem guten Vortrag gehört. Doch mit einer Ein-
schränkung: Wir werden nur das Allerwichtigste erwäh-
nen. Denn eine gute Atem-, Stimm- oder Sprechtechnik
zu erlernen, ist keine Sache von drei Tagen, sondern von
Jahren. Deshalb will ich hier nur auf das Wesentliche eingehen, damit Sie zumindest wissen, wie es sein sollte.

Der Redner atmet nicht nur, um Luft zu holen

Wozu braucht der Redner eine richtige Atemtechnik? —
Aus vier Gründen: Erstens um auch längere Sätze »in einem Atemzug« durchzustehen. Zweitens um die verschiedenen Resonanzräume im Körper zum Klingen bringen
zu können. Drittens um »geräuschlos« ein- und ausatmen
zu können. Viertens um den notwendigen Sauerstoff-
wechsel besser aktivieren zu können.

Was wird beim Einatmen meistens falsch gemacht? —
Man beschränkt sich allein auf die Brustatmung. Das
heißt: auf einen kurzen »Luftschnapper«, bei dem man
die Schultern hochzieht. Bei dieser Schulter-Hochatmung
»tankt« man ungefähr 2000 ccm Luft. Ideal wäre jedoch
eine Atemweise, bei der man gleich drei Lufträume füllt:
die Brust, die Flanken (seitlich der Rippen) und das
Zwerchfell (ungenau ausgedrückt der Bauch). Bei dieser
kombinierten Atemweise tanken Sie rund 4000 ccm —
also genau das Doppelte. Die Vorteile: Sie reichen länger
mit der Luft, können längere Sätze ohne Mühe sprechen,

wirken wesentlich ruhiger (Kurzatmung ist ein Streß-
symptom!) und füllen die vorhandenen Resonanzräume
mit Luft. Auf diese vollgefüllten Resonanzräume sind Sie
unbedingt bei der Regulierung Ihrer Lautstärke angewiesen.

Tips

● Wenn Sie liegen, atmen Sie richtig — nämlich mit dem
   Bauch. Die Bauchdecke hebt und senkt sich. Versuchen Sie,
   sich auch untertags an diese gesunde Atemweise zu erinnern und sie bewußt nachzuvollziehen.

● Das Ausatmen sollte viel länger dauern als das Einatmen!
   Warten Sie trotzdem bei einer Rede nicht bis zum letzten
   Drücker, sondern atmen Sie bei jeder Gelegenheit nach!
   Versuchen Sie aber trotzdem mit Ihrem Atem sparsam um-
   zugehen. Training: Lesen Sie einen Zeitungsabschnitt »in ei-
   nem Atemzug«.

Ohne Resonanz keine Lautstärke

Wir haben bereits die Wichtigkeit eines vollen Atems für
die Resonanz erwähnt. Die Resonanz macht den Ton.
Der Mensch hat mehrere Resonanzräume: den Brustkorb
und die Bauchhöhle für die tiefen Töne, den Kopf mit der
Mundhöhle für die hohen Töne.

Damit die Resonanzräume wirklich zum Tönen kommen,
sind zwei Voraussetzungen notwendig: Erstens genügend
Luft und zweitens offene Durchgangswege. Ein gedrück-
ter Kehlkopf stellt zum Beispiel eine solche »Straßensper-
re« dar.

Während die Bauch- und Brustresonanz kaum oder doch
nur sehr schwierig zu trainieren sind, kann man die Kopf-
resonanz (vor allem die Resonanz im Nasenbereich) recht
gut trainieren. Zum Beispiel mit Worten, die viele m, n

und ng beinhalten, wie Memmingen, Meinungen ... Versuchen Sie dabei durch die Nase auszusprechen. Ziel der Resonanz ist eine Stimme mit »Metalleffekt«, die klingt und tönt.

Tips für ein lauteres Sprechen

- Beginnen Sie Ihre Rede mit einer so tiefen Stimme wie möglich. Tiefe Stimmen wirken auch vertrauenswürdiger.

- Benützen Sie Pausen, um von zu hoher Stimme wieder »herunterzukommen«, entspannen Sie immer wieder Ihre Halszone, indem Sie Ihren Unterkiefer leicht absenken, die Zunge faul im Mundraum liegen lassen und die Gesichtsmuskeln entspannen.

- Artikulieren Sie deutlich: Vor allem die Geräuschlaute wie: p, t, k, f, pf, ch, sch, s, st und z, die Sie besonders stark betonen sollten.

- Für die Artikulation gilt: stärkste Belastung der Lippen, mäßige Belastung der Zunge, geringste Belastung der Halszone.

- Holen Sie tief Luft, füllen Sie alle Resonanzräume aus, sprechen Sie mehr durch die Nase und spannen Sie dabei die Bauchdeckenmuskulatur an, damit Ihr Bauch mittönt wie ein »steinerner« Krug.

- Dehnen Sie die einzelnen Silben zeitlupenartig, lassen Sie die einzelnen Vokale voll ausklingen.

- Um den Hals zu reinigen, empfiehlt es sich, statt bis zur Heiserkeit zu räuspern und zu husten, Pfefferminztabletten oder »Emser Pastillen« zu lutschen.

- Pumpen Sie sich nicht einmal voll, um dann zu sprechen, bis Sie in Atemnot kommen, sondern atmen Sie bei jeder Gelegenheit: nach jedem Komma, jedem Punkt, jedem Abschnitt. Das oftmalige Atmen nützt auch einer moderierten Sprechweise: »Je öfter Sie atmen, um so ruhiger und langsamer sprechen Sie.«

- Achtung: Wenn Sie schon nach einer Stunde Reden heiser sind, Halsschmerzen verspüren oder Kopfweh bekommen, sollten Sie unbedingt zuerst einen Arzt und dann einen Stimmbildner aufsuchen, sonst gefährden Sie Ihre Gesundheit.

● Sprechen Sie extrovertiert: durch eine präzise, scharfe Artikulation, durch ein bewußtes »Aussprechen« (= Hinaussprechen), durch gespitzte Lippen.

Betonung schafft Langeweile oder Spannung

Man kann Monotonie auf zweierlei Weise erreichen: indem man jedes Wort betont oder gar keines. In jedem Satz sollte deshalb nur ein Wort als beherrschender Lautheitsgipfel betont werden.

Sprechtempo

Ein hohes Sprechtempo ist der größte Feind der guten Aussprache, führt zu Monotonie und Farblosigkeit, zu Aussprachefehlern, größeren Kraftanstrengungen und bei den Zuhörern zur schnelleren Ermüdung, zum »schnelleren« Abschalten. Auch für das richtige Sprechtempo gibt es eine Art »Richtgeschwindigkeit«: 180 Worte in der Minute.

Die einzige Ausnahme: Wichtige (und kurze) Passagen, in denen Sie überzeugen wollen. Hier haben verschiedene psychologische Tests bewiesen, daß der Redner überzeugender wirkt, der nicht nur viel, sondern auch sehr schnell spricht.

Tip

Üben Sie den Kontrast. Üben Sie einzelne Wörter, einzelne Silben zu **dehnen,** ganz langsam zu sprechen, um dann plötzlich mit höchster Sprechgeschwindigkeit »staccato« zu sprechen.

Pausentechnik

Etwas überspitzt könnte man sagen: »Alles, was der Redner sagt, wirkt erst durch die Pause.« Denken Sie daran: Jede Pointe braucht Zeit, um zu zünden. Das gilt besonders für Appelle, Formeln und Bilder, die im Gefühlsbereich zünden sollen. Der Zuhörer braucht eine gewisse Zeit, um das Gehörte verarbeiten zu können. Er hinkt stets einen »time-lag« hinter dem Sprecher her.

Die meisten Menschen bringen keinen MUT zur Pause auf. Sie befürchten, die Zuhörer könnten das Schweigen als Steckenbleiben interpretieren. Oder sie haben Angst, die Kontrolle über die Zuhörer zu verlieren, wenn sie nicht pausenlos reden. Richtige Pausen machen, heißt jedoch, die Wirkung (Spannung) zu erhöhen, heißt zu schweigen, ohne die Zuhörer einen Augenblick aus der Spannung des eigenen Willens zu entlassen. »Eine Pause machen«, sagte einmal ein bekannter Rhetoriker, »heißt nur auskuppeln, nicht aber den Motor abstellen.« Zwei Voraussetzungen sind für die psychologisch richtige Pause zu erfüllen: erstens der richtige Zeitpunkt, zweitens der ständig aufrechterhaltene Blickkontakt mit den Zuhörern.

Pausen sind angebracht

- vor bzw. nach einem Höhepunkt
- vor bzw. nach einer wichtigen Erklärung
- vor bzw. nach jedem Sinnabschnitt
- vor bzw. nach jeder Zusammenfassung
- wenn das Publikum unruhig wird (disziplinarische Pause)

Keine Pause ist angebracht vor und unmittelbar nach unangenehmen Aussagen für das Publikum. Hier muß der Redner diese unangenehme Mitteilung in der gleichen Sprechgeschwindigkeit, Lautstärke und Stimmhöhe (ohne jede Verzögerung) sagen wie die vorausgegangenen Sätze.

Satzbau

Wie gefällt Ihnen folgender Satz?

»Die auf uns, in Verbindung mit dem Omega-5-Programm, das wir in den letzten Tagen ausführlich besprochen haben, in Zukunft zukommenden Aufgaben sind nur durch gemeinsame, das heißt, alle Mitarbeiter unseres Hauses betreffende Anstrengungen zu lösen.«

Ihre Kritik sollte sich gegen folgende Punkte richten:

1. Der Satz ist zu lang (37 Wörter)
2. Der Satz hat zwei »verschachtelte« Nebensätze
3. Das Hauptverb ist passiv statt aktiv
4. Der Satz enthält mehrere Orts- und Zeitangaben
5. Der Kerngedanke ist mehrmals durchbrochen
6. Es fehlen Bilder
7. Es fehlen aktive, begeisternde Worte
8. Die Silbenzahl einzelner Wörter ist zu hoch
9. Der Satz enthält Floskeln
10. Der Satz ist umständlich formuliert
11. Der Satz enthält Partizipien

Ein besserer Versuch: »Wir haben in den letzten Tagen ausführlich über das Omegaprogramm gesprochen. Sie kennen es jetzt! Sie wissen jetzt auch, welche Aufgaben auf Sie zukommen werden. Geben wir uns einen Ruck! — Wenn jeder sein Bestes gibt, werden wir es schaffen!«

Die wichtigsten Regeln für einen guten Satzbau

1. Pro Satz nicht mehr als eine Tatsache
2. Pro Satz nicht mehr als einen Gedanken
3. Pro Satz nicht mehr als eine Personen-, Zeit- oder Ortsangabe
4. Aktiv statt Passiv

5. In der Sie-Projektion sprechen (»Sie kennen jetzt«)
6. Keine Partizipien, zusammengesetzte Verben, Fremdwörter und Hauptwörter
7. Aktive Verben
8. Kurze Sätze (nicht mehr als maximal 25 Worte)
9. Griffige Bilder und Formeln

Ebenso wichtig wie der gute und klare Satzbau ist ein guter und ausreichender Wortschatz. Nichts läßt so gute Rückschlüsse auf Denkfähigkeit, Intelligenz und Ausdrucksfähigkeit zu wie der verwendete aktive Wortschatz. *Ohne Wortschatz keine Worte, ohne Worte keine Bilder, ohne Bilder keine Suggestivkraft, ohne Suggestivkraft keine Wirkung.*

Über die Kunst, Beifall herauszufordern

Manche Leser werden bei dieser Überschrift die Stirne runzeln. Gibt es nicht eine Reihe kluger Sprüche, die da lauten: »Der gute Redner hofft auf Anerkennung, nicht auf Beifall.« Richtig. Und wenn nun diese Anerkennung in Form des Beifalls kommt? Was ist denn die Grundabsicht jedes Redners? — Zustimmung zu seinen Ideen und Vorstellungen zu bekommen. Und die älteste Form der Zustimmung ist die »acclamatio« — die Zustimmung, der Zuruf. Zum zweiten: Ich habe noch keinen Redner erlebt, der vor Beginn seiner Rede ausdrücklich darum gebeten hätte, von allen Beifallskundgebungen Abstand zu nehmen, und dem am Ende seiner Rede nicht warm ums Herz wurde, wenn die Leute sich von seiner Rede angetan zeigten.

Die Beifallsbeispiele, die hier aufgeführt sind, stammen aus verschiedenen Hauptversammlungen deutscher Aktiengesellschaften. Hauptversammlungen geben sehr gute Studienmöglichkeiten ab: Erstens weil die Wirtschaft mit ihrer Fachterminologie angesprochen wird. Zweitens weil die Materie nicht unbedingt zu spontaner Begeisterung hinreißt. Drittens weil trotz der unterschiedlichen Machtpositionen jeder Redner die gleiche Chance hat, Beifall oder Buhrufe einzuheimsen. Die Beispiele sind den Hauptversammlungs-Stenogrammen des »Blick durch die Wirtschaft« entnommen, in denen auch die Zuhörerreaktionen wie Beifall, Heiterkeit und Buhrufe vermerkt sind. Versuchen Sie bereits beim ersten Durchlesen einige Gesetzmäßigkeiten aufzuspüren.

Hauptversammlung Hoesch AG

Aktionär: »In der Bilanz der Hoesch Werke AG ist ausgewiesen, daß an Vorstandsmitglieder Kredite in Höhe von DM 1008239 vergeben wurden. Meine Frage ist: Sind in diesen Krediten auch Kredite enthalten an Mitglieder des Vorstandes der Hoesch Werke AG, die gleichzeitig Vorstandsmitglieder der Hoesch AG sind; bejahendenfalls: wie hoch sind diese Kredite und warum sind diese Kredite in dem Geschäftsbericht der Hoesch AG nicht aufgeführt?« (Beifall)

Aktionärsvertreter: »Ich bitte die Verwaltung, sich dafür einzusetzen, daß die Vermögensteuer wieder abzugsfähig wird. Denn die Abzugsfähigkeit kommt letztlich nicht nur den Aktionären, sondern auch den Arbeitnehmern zugute. Denn das ist klar: Wo Vermögensteuer nicht mehr gezahlt werden kann, gehen auch die Arbeitsplätze verloren!« (Beifall)

Aktionärsvertreter: »Hier liegen auch die Ursachen für den Kursrückgang der Hoesch-Aktie … Wir sind betrübt, daß in dieser Richtung bisher nichts geschehen ist, und möchten erneut unsere Verwaltung bitten, hier im Interesse ihrer Hoesch-Aktionäre tätig zu werden!« (Beifall)

Hauptversammlung Stahlwerke Peine-Salzgitter AG

Aktionär und Arbeitnehmer: »Durch das künstliche Hochschrauben der Aktienkurse gefährdet man die Arbeitsplätze bei uns ... aber als einfacher Arbeitnehmer, der hier im Werk II in Peine als Rohrschlosser beschäftigt ist, ist mir mein Arbeitsplatz und der meiner Kollegen wichtiger ...« (Spontanbeifall)

»Es ist die Pflicht des Vorstandes und der Betriebsräte die Arbeitsplätze zu sichern und zu erhalten. Das ist hier in unserem Konzern in hervorragender Weise geschehen. Dafür möchte ich diesen beiden Gremien meinen allerherzlichsten Dank aussprechen.« (Spontanbeifall)

Aktionär: »Zunächst möchte ich Sie, Herr Vorsitzender, darum bitten, daß hier nur sachliche Aussagen erfolgen und daß keine Polemik getrieben wird.« (Spontanbeifall nach einem Angriff auf »spekulierende« Aktionäre)

Aktionär: »Sachliche Kritik, wo sie berechtigt ist, ja; aber bloße Polemik mit dem Holzhammer, das vergiftet die Atmosphäre, schadet unseren Aktionärsinteressen und schadet unserem guten Ruf.« (Beifall)

Hauptversammlung Klöckner Werke AG

Kleinaktionärsvertreter: »Wir alle haben wie Sie nur einen Wunsch: daß endlich wieder ehrlich echt Geld verdient wird und nicht aus der Substanz immer ausgeglichen wird. Das kann kein gutes Ende nehmen.« (Beifall)

Aktionärsvertreter: »Ich bitte um Aufschlüsselung der sonstigen Erträge. Aus diesen Erträgen ergab sich tatsächlich eine vorzügliche ›Bilanzmassage‹. Denn ich vermute stark, daß diese außerordentlichen Erträge rote Zahlen verhindert haben.« (Beifall)

Aktionärsvertreter: »Von den 7000 Mann der Maxhütte sollen angeblich ... 1200 zuviel an Bord sein ... Ich habe das katastrophale Vorbild Volkswagen vor Augen; dort mußten nämlich 25 000 Mitarbeiter freigesetzt werden, um überhaupt wieder zu einem vernünftigen Ergebnis zu kommen; allein über die Sozialpläne, die dort gezahlt wurden, mußten 350 Millionen DM aufgebracht werden. Können Sie diese 1200 Mann ... auch freisetzen ohne enorme zusätzliche Belastung über Sozialpläne?« (Beifall)

Hauptversammlung Siemens AG

Aktionär: »... das ist nämlich eine amerikanische Erpressung, die mit wirtschaftlichen Überlegungen gar nichts mehr zu tun hat.« (Spontanbeifall)

»Sehr viele unserer Umweltschützer, meine Damen und Herren, sind erst einmal starke Raucher, was viel gefährlicher ist als alle möglichen Abgase.« (Heiterkeit, Beifall)

Aktionärsvertreter: »Warum wird nicht investiert? ... Letztlich hat auch die Verunsicherung in Bonn und den sozialistischen Ländern wesentliche Schuld daran.« (Beifall)

Hauptversammlung Continental Gummi Werke AG

Aktionärsvertreter: »... für Kleinaktionäre bedeutet ein jahreslanges Aushungern eine Katastrophe, denn für diese sind Erträge aus den für die Altersversorgung angeschafften Wertpapieren eine Lebensnotwendigkeit.« (Beifall)

Hauptversammlung Metallgesellschaft AG

Aktionär: »Wir hoffen, daß man noch etwas mehr tut und zwar ... etwas mehr für die Aktionäre.« (Beifall)

Hauptversammlung Thyssen AG

Aktionärsvertreter: »Sie bleiben auf Kapitalzuführung durch alte und neue Aktionäre angewiesen. Und nur eine attraktive Dividendenpolitik macht es für die Sparer nach Jahren der Enttäuschung wieder reizvoll, der Wirtschaft Kapital zur Verfügung zu stellen.« (Beifall)

16 »Regeln« für den Beifall

1. Körperhaltung

Je bewegter, leidenschaftlicher und angriffslustiger Sie sprechen, je »bewegter« also Ihre Rede ist, um so »ruhiger« muß
Ihre Körperhaltung sein.

2. Blickkontakt

Sprechen Sie den vorausgehenden Abschnitt ruhig und zurückhaltend, um dann plötzlich im letzten Satz (mit dem Sie auf Beifall zielen) etwas schneller, etwas lauter und etwas höher zu
sprechen. Richten Sie sich dabei voll auf. Blicken Sie nicht
mehr in Ihr Manuskript. Sprechen Sie den letzten Satz frei —
mit offenem Blick zum Publikum.

3. Wunder Punkt

Weisen Sie auf den »wunden Punkt« hin (Kredite für den Vorstand), auf Vorkommnisse, die bei einem Großteil der Zuhörer
Neid-, Rache- oder Antipathiegefühle auslösen.

4. Unterlassungen

Weisen Sie auf Unterlassungen der Verantwortlichen hin (Kursrückgang der Hoesch-Aktie), die für die Zuhörer unangenehme
Folgen hatten.

5. Vorteile

Fordern Sie die Verantwortlichen auf, sich für Vorteile und Ver-
günstigungen einzusetzen (Abzugsfähigkeit der Vermögensteuer), die einem Großteil der Zuhörer zugute kommen.

6. Verteidigung

Verteidigen Sie den Großteil der Zuhörer gegen Angriffe einer
kleinen (unbedeutenden) Minderheit (»Auch wenn wir nur
Kleinaktionäre sind, aber ...«).

7. Sachlichkeit

Weisen Sie alle aggressiven Angriffe einer kleinen Minorität als
Polemik ab und betonen Sie gleichzeitig Ihre Bereitschaft sachlich und fair zu sprechen.

8. Angriff

Greifen Sie vor allem Institutionen oder Personen an, die einem Großteil der Zuhörer ein Dorn im Auge sind und die nicht anwesend sind.

9. Forderung

Fordern Sie etwas, was im Interesse aller Zuhörer liegt (»daß wieder ehrlich Geld verdient wird«) und weisen Sie auf Gefahren bei Nichterfüllung hin.

10. Gemeinwohl

Fordern Sie, was dem Gemeinwohl nützt, aber keineswegs von den Zuhörern eine sofortige Leistung verlangt.

11. Dank

Danken Sie bestimmten Persönlichkeiten, die bei einem Großteil der Zuhörer Wohlwollen genießen oder von denen die Zuhörer abhängig sind.

12. Warnung

Bringen Sie Beispiele von Katastrophen. Malen Sie die schrecklichsten Folgen an die Wand. Fragen Sie die Verantwortlichen, wie sie mit dieser Krise fertig werden wollen, die auch für die Zuhörer unangenehme Folgen haben kann (Sozialpläne bei Entlassungen).

13. Publikumsbedeutung

Betonen Sie die Bedeutung des Publikums (für weitere Kapitalerhöhungen) und leiten Sie daraus Forderungen ab, die den Zuhörern willkommen sind.

14. Mehrleistung

Appellieren Sie an die Verantwortlichen, für die Zuhörer noch mehr zu tun und zu leisten (mehr Dividende für die Aktionäre).

15. Gefühlsreiz

Starten Sie jeden Angriff mit einem »gefühlsbetonten« Reizwort, das Sie im Vergleich zu den normalen Ordnungsbegriffen setzen. (»Die Universität ist kein revolutionärer Tummelplatz für Anarchisten, sondern eine soziale Verpflichtung.«)

16. Form

Ihr Angriff hat um so mehr Aussicht auf Erfolg, je appellartiger, je kürzer, je bildhafter und je gefühlsbetonter er vorgetragen wird. — Appelle richten sich an das Gefühl. Deshalb verzichten Sie auf Einzelheiten und Erklärungen. Am schlagendsten waren schon immer nichtssagende Plattheiten (»Wir brauchen wieder Ordnung in diesem Lande.«).

Wie beantwortet man Zwischenrufe?

Ein kluger Mann hat einmal gesagt: »Man hat nie genug Freunde, um einen verlieren zu können und viel zu schnell Feinde, um sich einen erlauben zu können.«

Erstes Gebot bei jeder Diskussion ist es deshalb, auf unüberlegte »Repliken« zu verzichten. »Der Fisch stirbt durch sein offenes Maul«, lautet ein spanisches Sprichwort. Aggressivität kann teuer zu stehen kommen. Wenn Sie schon einmal »hart« hinlangen wollen, weil Sie glauben, das Publikum will es so, dann seien Sie vorsichtig. Des Volkes Stimmung schlägt schnell um. — Versuchen Sie, wenn es irgendwie geht, noch einen Funken Gemeinsamkeit zu finden, und wenn Sie den nicht finden, denken Sie an das Wort von Marie von Ebner-Eschenbach: »Gib dem recht, der recht hat, und er findet dich liebenswürdig; gib dem recht, der unrecht hat, und er betet dich an.« Wenn Sie wirklich nach der Methode »auf einen groben Klotz gehört ein grober Keil« vorgehen wollen, dann geben Sie sich hart, steigern Sie Tonhöhe und Stimmaufwand, schlagen Sie mit der Faust auf den Tisch und brüllen Sie … aber bleiben Sie sachlich, und alles läßt sich wieder einrenken.

Was antworten Sie auf einen plötzlichen Zwischenruf:

1. Ironisches Zitat

»Es sind nicht alle wach, die die Augen aufmachen« (wenn einer etwas fragt, was Sie bereits behandelt haben)

»Wissen Sie, was Oscar Wilde über ›gute Ratschläge‹ gesagt hat? Gute Ratschläge sollte man weitergeben; das ist das einzige, was man damit machen kann« (wenn einer penetrant gute Ratschläge anbringen will)

»Ideen haben wir selber; was wir brauchen sind praktikable Vorschläge« (wenn einer mit allzu theoretischen Erläuterungen anrückt)

Tip

Präparieren Sie sich mit ein paar solcher Zitate. Sie schaffen Distanz und ersparen langatmige Erklärungen.

2. Überhören oder Verschieben

Vereinzelte Zwischenrufe überhören Sie völlig. Sind es mehrere, versuchen Sie sie zu verschieben: »Ich komme in meinem Referat bestimmt noch auf einige Fragen, die Sie jetzt stellen wollen. Sollten am Ende meines Referats noch Fragen offen sein, bin ich gerne bereit, darauf einzugehen. Ich bitte Sie, sich diese offenen Fragen bis zur Diskussion aufzuheben.«

3. Vorwegtechnik

Sie bitten bereits am Anfang die Zuhörer darum, erst am Ende Ihres Referats Fragen zu stellen, die Sie dann ausführlich diskutieren wollen:

»Ich weiß, daß mein Referat bestimmt noch einige Fragen offenläßt. Um uns jedoch nicht von Anfang an in einzelne Fragen zu verlieren, schlage ich vor, daß Sie Ihre Fragen bis zum Ende des Referats zurückstellen und in der anschließenden Diskussion vorbringen.«

4. Zurückstellen, Aufnotieren

»Darf ich Ihre Frage für einen Augenblick zurückstellen?«

»Gestatten Sie, daß ich mir Ihre Frage notiere, ich werde in der Diskussion darauf zurückkommen.«

Regel

Lassen Sie sich auf keine Privatdiskussion ein.

Behandeln Sie jede Zwischenfrage — wenn überhaupt — nur kurz und bündig. Sie nehmen dadurch auch den Fragestellern viel von ihrem Eifer. — Viele stellen nämlich ihre Fragen mit dem einzigen Ziel, zu zeigen, wie gut sie sind.

Überlegen Sie sich am Anfang einer Rede, ob Sie überhaupt während der Rede auf Zwischenfragen eingehen wollen. Präparieren Sie sich dann mit den entsprechenden »Abwehrtechniken«.

Siehe dazu auch das Kapitel »Über den Umgang mit Konferenzteilnehmern«, Seite 243.

Wie verhält man sich bei kleineren und größeren Pannen

Was aber tun Sie, wenn Sie in einer Rede plötzlich den roten Faden verlieren und steckenbleiben, wenn Sie sich versprochen haben, wenn Sie einen komplizierten Satz nicht mehr richtig zu Ende bringen oder wenn Sie durch irgendeine Störung aus dem Konzept geraten sind?

1. Steckenbleiben

Plötzlich wissen Sie nicht mehr weiter. Ein Black-out droht. Sie haben von Ihrem Manuskript oder Stichwortzettel einen Ausflug unternommen und wissen nun nicht mehr vor noch zurück.

Tips

● Sprechen Sie den letzten Satz nochmals und ganz langsam Wort für Wort, Silbe für Silbe nach!

● Wiederholen Sie ungeniert — wegen der besonderen Wichtigkeit — diesen letzten Satz noch ein zweites Mal.

● Wenn Sie bis dahin noch nicht den roten Faden gefunden haben, wiederholen Sie den letzten Satz noch einmal, diesmal in Frageform: »Da das Problem der Entsorgung noch immer nicht zufriedenstellend gelöst ist, birgt die Kernenergie nach wie vor ein großes Risiko. Meine Damen und Herren, ich sage es noch einmal: Da das Problem der ... Und ich frage Sie: Wann wird endlich das Problem der Entsorgung zufriedenstellend gelöst?«

● Sollten Sie nach dieser dritten Wiederholung weder sich im Manuskript zurechtgefunden haben noch frei weiterreden können, bietet sich vielleicht die Gelegenheit, mit folgendem Satz Schluß zu machen: »Wir sollten deshalb alles daran setzen, zuerst diese Frage zu klären. Sonst bleibt alles ein ewiges Wenn und Aber!"

● Sie gehen einfach — mit einem eleganten Übergang — zum nächsten Stichwort über: »Bevor wir diese Frage endgültig klären, möchte ich zunächst das wichtige Kapitel ... behandeln.«

2. Stichwort übersprungen

Sie bemerken plötzlich, daß Sie im Eifer des Gefechts ein wichtiges Stichwort »vergessen« haben. Es gibt nur zwei Möglichkeiten: Entweder Sie bauen es mit einem eleganten Übergang vor dem nächsten Kapitel ein — »An dieser Stelle scheint es mir angebracht, noch einmal auf folgenden Punkt zurückzukommen ...«, oder Sie verzichten völlig auf diesen Punkt und sparen ihn für die Diskussion auf.

Regel

Denken Sie daran, Sie können auf einer Bühne alles machen, sofern Sie so tun, als sei es das Selbstverständlichste der Welt. **Deshalb sagen Sie nie Ihren Zuhörern, daß Sie den Faden verloren haben, steckengeblieben sind, ein Stichwort vergessen haben usw.** Tun Sie so, als ob alles, was Sie tun, von Ihnen so geplant und vorgesehen war.

3. Versprecher

Auch hier haben Sie zwei Möglichkeiten. Handelt es sich bei dem Versprecher um ein wichtiges, sinnveränderndes Wort, wiederholen Sie ohne Tonfall, Blickkontakte, Sprechgeschwindigkeit und Verhalten zu verändern, das Wort nochmals. Handelt es sich um ein bedeutungsschwaches Wort, sprechen Sie einfach weiter. Auf keinen Fall sagen Sie: »Verzeihung, Entschuldigung« oder gar: »Ich wiederhole nochmals …« Dann weiß auch der letzte im Saal, daß Sie sich versprochen haben. Mir ging es einmal so, daß ich bei einem ebenso langatmigen wie langweiligen Vortrag jedesmal dann hellwach wurde, wenn der Redner sein »Verzeihung« in den Saal schmetterte. Schließlich machte ich mir einen Spaß daraus und zählte nur mehr die »Verzeihungen«. Ich kam auf 23.

4. Störungen

Störungen bei einer Rede treten in mehrfacher Hinsicht auf: Zuhörer kommen zu spät, das Mikrofon versagt, das Leselämpchen geht aus, die Kellnerin will im Hinterzimmer servieren und zugleich abkassieren, Zuhörer unterhalten sich miteinander, husten und räuspern sich, Zwischenfrager unterbrechen.

Mikrofon versagt

Machen Sie eine kurze Pause und bitten Sie den Veranstalter in der Zwischenzeit das Mikrofon zu richten.

Leselämpchen versagt

Auf dieses Leselämpchen dürfen Sie sich nie verlassen, sorgen Sie vorher für eine ausreichende Deckenbeleuchtung.

Kellnerin serviert und kassiert

Machen Sie eine Pause, bis abkassiert wurde. Noch besser: Vereinbaren Sie vorher den besten Zeitpunkt dafür.

Zuhörer unterhalten sich zu laut

Sie beginnen nicht zu reden, bevor die Zuhörer nicht leise geworden sind und machen später eine »Schweigepause«, bis die Zuhörer wieder leise sind.

VII   Beurteilungsbogen

Wie beurteilen Sie sich selbst?
Wie werden Sie von anderen beurteilt?

6 Punkte (»ausgezeichnet«) sind die Höchstzahl!

Auftreten und Körperhaltung

- ☐ Sicherer Gang zum Redner-pult
- ☐ Sichere Haltung ohne Anleh-nen
- ☐ Angemessene Kleidung
- ☐ Unauffällige Manuskriptvorla-ge
- ☐ Offener Blickkontakt
- ☐ Konzentration vor Redebe-ginn
- ☐ Steht ruhig auf beiden Bei-nen
- ☐ Bewußt eingesetzte Gestik
- ☐ Bewegliches Mienenspiel
- ☐ Extravertierte Körperhaltung
- ☐ Bewußter erster Sprechein-satz

Zuhörergewinnung

- ☐ Macht Thema interessant
- ☐ Erringt Aufmerksamkeit
- ☐ Gewinnt Sympathie und Ver-trauen
- ☐ Trifft Motive der Zuhörer
- ☐ Spricht Gefühle der Zuhörer an
- ☐ Nennt Kerngedanke bzw. Ziel
- ☐ Nennt Vorteile für Zuhörer

Sprache und Satzbau

- ☐ Kurze Sätze
- ☐ Klarer Satzbau
- ☐ Kurze Wortlängen
- ☐ Klare Verständlichkeit
- ☐ Treffende Beispiele
- ☐ Interessante Vergleiche
- ☐ Einprägsame Bilder
- ☐ Rhetorische Stilmittel
- ☐ Klare Gliederung
- ☐ Aktive Ausdrucksweise
- ☐ SIE-Formulierungen

Rednerpersönlichkeit

- ☐ Hat eigene Gedanken
- ☐ Bringt originelle Gedan-ken
- ☐ Sagt persönliche Mei-nung
- ☐ Berichtet von persönli-chen Erfahrungen
- ☐ Berichtet von persönli-chen Erlebnissen
- ☐ Bringt interessante Brückenschläge
- ☐ Steht hinter dem, was er sagt

Vortragstechnik

- ☐ Kommt mit Luft gut aus
- ☐ Artikuliert klar
- ☐ Hat Resonanz in der Stimme
- ☐ Variiert seine Lautstärke
- ☐ Spricht tief und hoch
- ☐ Variiert sein Sprechtempo
- ☐ Betont Wichtiges
- ☐ Macht richtige Pausen
- ☐ Hat offenen Blickkontakt
- ☐ Überspielt Versprecher
- ☐ Demonstriert/präsentiert gut
- ☐ Bringt Abwechslung der Methoden

Wirkung

- ☐ Hält die Redezeit ein
- ☐ Drückt sich präzise aus
- ☐ Bringt Zusammenfassungen, Merksätze, Formeln
- ☐ Ist persönlich engagiert
- ☐ Spricht frei, überzeugend
- ☐ Spricht mit Schwung und Begeisterung
- ☐ Reißt zur Aktivität mit

VIII   Checkliste für jeden Redner

Was sollten Sie vor jeder Rede berücksichtigen?

Zeit
- ☐ Abfahrtszeit (Aufbruch von zu Hause)
- ☐ Reisezeit (Fahrzeit, Parkplatzsuche, Garderobe)
- ☐ Vorbereitungszeit (Abstimmung mit Veranstalter, Kontrolle von Raum, Tischordnung, Pult, Mikrofon ...)
- ☐ Konzentrationszeit (Entspannung, Wiederholung)

Raum-kontrolle
- ☐ Beleuchtung (blendfrei, Regulierungsmöglichkeiten)
- ☐ Tischordnung (U-Form, Rechteck, Halbkreis, Forum, Lesbarkeit der Namensschilder, Sehprobe)

Podiums-kontrolle
- ☐ Rednerpult (Standfestigkeit, richtige Höhe, blendfrei)
- ☐ Beistelltisch für Unterlagen, Stuhl
- ☐ Büchertisch für Fachliteratur
- ☐ Getränke (Glas Wasser)
- ☐ Mikrofon (Lautstärke, Sprechprobe)

Medien
- ☐ Tafel (Kreise, nasser Schwamm, trockener Lappen)
- ☐ Overheadprojektor (volle Cellophanrolle, lose Folien, verschiedenfarbige Stifte, Reservestifte, Ersatzbirne, Leinwand)
- ☐ Diaprojektor (Verdunkelung, Leinwand)
- ☐ Zubehör (Zeigestab, Verlängerungskabel, Mehrfachstecker)
- ☐ Kontrolle (Funktion, Bildschärfe, Sehprobe)

Manuskript	☐ Vollständigkeit (durchnumerierte Seitenzahl)
	☐ Stichwortzettel (Vollständigkeit, Lesbarkeit)
	☐ Einleitungs- und Schlußformeln (wörtlich formulieren)
	☐ Aufbewahrungsort
Abstimmung mit Veranstalter	☐ Vorstellung des Redners (Personalia, eigene Vorstellung)
	☐ Erwartete Ehrengäste (Aufnahme in Einleitungsformel)
	☐ Genauer Redebeginn
	☐ Pause (wann, wie lange, akustisches Zeichen)
	☐ Diskussion (wer, wie lange, worüber, Leitung)
	☐ Hinweis auf Bücherverkauf
	☐ Redeschluß (Dank an Veranstalter)
	☐ Geselliges Beisammensein nach der Rede

IX Checkliste für die Organisation von Redeveranstaltungen

Hinweis-schilder
- ☐ Hotel, Stockwerk, Raum, Parkplatz, Garderobe
- ☐ Sekretariat, Information, Pressebetreuung
- ☐ Kasse, Anmeldung, Kontrolle

Raum
- ☐ Beleuchtung (blendfrei, Regulierung)
- ☐ Tischordnung (möglichst nah ans Rednerpult, möglichst Breite, nicht Tiefe des Saales nutzen, möglichst Grätenform, vordere Plätze zuerst auffüllen, überflüssige Plätze hinten absperren)
- ☐ Reservetische und Reservestühle
- ☐ Zuhörerunterlagen (Block, Kugelschreiber, Broschüren, Namensschilder)
- ☐ Temperatur (Regulierung von Heizung und Klimaanlage)
- ☐ Reservierte Plätze für Ehrengäste
- ☐ Dekoration (Blumen, Hinweisschilder, Leitsätze)

Redner-podium
- ☐ Rednerpult (Standfestigkeit, Höhe)
- ☐ Beistelltisch für Unterlagen, Stuhl
- ☐ Büchertisch zur Ausstellung von Fachliteratur
- ☐ Getränke (Glas Wasser)
- ☐ Diskussionsforum (Tische, Stühle, Mikrofone, Namensschilder)
- ☐ Mikrofon (Lautstärke, Sprech- und Hörprobe)
- ☐ Beleuchtung (blendfrei, Lesbarkeit)

Medien
- ☐ Tafel (Kreide, nasser Schwamm, trockener Lappen)
- ☐ Overheadprojektor (volle Cellophanrolle, Ersatzrolle, lose Folien, verschiedenfarbige Stifte plus Reservestifte, Ersatzbirne, Leinwand, Überprüfung der Bildschärfe, Sehprobe von den hinteren Reihen)

- ☐ Diaprojektor (s. Overheadprojektor, Verdunkelungsmöglichkeit)
- ☐ Zubehör (Verlängerungskabel, Zeigestab, Mehrfachstecker)
- ☐ Elektriker bereitstellen

Ablauf
- ☐ Rauchverbot (Hinweistafeln, Aschenbecher für Pause)
- ☐ Pausen (Zeit, Räumlichkeiten, Service, Durchlüften)
- ☐ Getränke (Service, Bezahlung)
- ☐ Informationsstellen (Telefon, Auskünfte)
- ☐ Eröffnung (Programmhinweisung, Organisationsauskünfte, Zeitablauf, Begrüßung der Ehrengäste, Hinweise auf das Thema, Vorstellung des Redners)

X   Zusammenfassung

Wie man einen Vortrag vorbereitet, schreibt, korrigiert, einübt und hält!

Vorbereitung

1. Welche Informationen brauchen Sie?

- Datum der Veranstaltung (Vorbereitungszeit?)
- Zeitpunkt (physische und psychische Verfassung der Zuhörer)
- Ort (spezielle Orts- und Publikumsmerkmale?)
- Redezeit (Manuskriptumfang? Aufnahmefähigkeit?)
- Anlaß der Veranstaltung (Kleidung, Rahmen ...?)
- Ziel der Veranstaltung (Erwartung der Veranstalter?)
- Vor- und Nachredner (Namen? Themen? Themenabgrenzung notwendig?)
- Ehrengäste (Namen? Stellung? Titel? Wer begrüßt?)
- Presse (Manuskript-Kurzfassung?)
- Zahl der Zuhörer (Einstellung auf Zahl, Raum, Akustik, Umgebung)
- Niveau der Zuhörer (Kenntnis- und Bildungsstand?)
- Beruf der Zuhörer (für spezielle Berufsmerkmale?)
- Erwartung der Zuhörer (Eingehen auf Motive, Wünsche, Probleme)

Material

2. Wie suchen, finden, sammeln und werten Sie aus?

- Arbeitstitel wählen (um noch flexibel zu bleiben)
- Aktuelle Zeitungs- und Zeitschriftenartikel suchen (für Trendanalyse)

- Eigene Aufsätze, Notizen, Beiträge durchsehen (evtl. eigenes Archiv?)

- Persönliche Erlebnisse und Erfahrungen niederschreiben

- Buchauszüge kopieren

- Jede Information einzeln auf ein DINA4-Blatt kleben (Einheitlichkeit) und mit einem Stichwort versehen

- Alle einzelnen Stichwort-Beiträge nach Themenbereichen aufteilen und in Klarsichthüllen sammeln (obenauf: Leitkarte mit Themen-Stichwort, darunter: pro Beitrag das Einzelstichwort)

- Vorhandenes Material durchsehen, befragen und fehlende Beweise, Übergänge, Beispiele, Vergleiche, Begründungen feststellen

- Erste Gliederung aufstellen (Einzelstichworte der Reihenfolge nach sortieren und zum roten Faden verknüpfen)

- Gezielte Suche nach fehlendem Material (Zahlen, Statistiken, Analysen, Beispielen, Meinungen) in:
  Bibliotheken (Universitäts-Stadtbibliotheken), bei den Industrie- und Handelskammern, bei den Landesgruppen des Rationalisierungskuratoriums der deutschen Wirtschaft (RKW), bei den Wirtschaftsforschungsinstituten, bei dem Bundesamt für Statistik und den statistischen Landesämtern, beim Deutschen Patentamt, bei den überregionalen Zeitungs- und Zeitschriftenverlagen, bei den Lokalzeitungen, bei den Verbänden (Fachverbänden), Behörden und Organisationen der Wirtschaft, die im gleichnamigen Handbuch des Hoppenstedt-Verlags, Darmstadt, aufgeführt sind

- Diskussion des Themas mit Nicht-Fachleuten (Bekannten, Freunden)

- Diskussion mit Fachleuten, Autoren, Praktikern ... (Interviews)

- Neue Gliederung aufstellen und laut durchsprechen

- Gesamtes Material laut durchsprechen (um zu hören, wie es »klingt«)

Ausarbeitung des Manuskripts

3. Was sollten Sie hierbei berücksichtigen?

■ *Form*

● Jede Seite nur einseitig beschreiben

● Breiten Rand rechts freilassen (für spätere »Regieanweisungen«)

● Größere Schrifttype verwenden (Lesbarkeit auf 50 cm)

● Stoff in möglichst viele Einzelabschnitte aufteilen (Übersichtlichkeit)

● Keinen Abschnitt auf eine andere Seite weiterführen

● Platz lassen auf der ersten Seite (Begrüßung der Ehrengäste)

● Manuskript nicht heften, sondern einzelne Seiten lose aufeinanderlegen, um sie beim Vortrag leicht von rechts nach links schieben zu können

● Bereits ersten Entwurf möglichst sauber und übersichtlich schreiben (am besten mit Schreibmaschine)

■ *Kreativität*

● Nicht stundenlang nach dem ersten Satz suchen. Mit dem interessantesten Abschnitt beginnen.

● Nicht sofort nach »druckreifen« Sätzen suchen. Aber mit dem Schreiben beginnen, um in den Schreibrhythmus zu kommen. Lieber später noch einmal neu schreiben.

● Bei Denk- und Schreibblockaden nicht über dem Thema brüten, sondern Notizen in die Hand nehmen, dabei auf- und abgehen und versuchen, laut darüber zu referieren, so als ob Sie einem Besucher von Ihrem Thema erzählten.

■ *Schreibtechnik*

● Pro Satz nur eine Tatsache, einen Gedanken, eine Person, eine Orts- oder Zeitangabe

● Kurze Sätze (je kürzer, um so verständlicher)

● Kurze Wörter (nicht mehr wie 3 Silben)

● Hauptgedanke muß in den Hauptsatz

- Keine Fremdwörter, Fachwörter (Fachjargon) oder Abkürzungen ohne Erklärungen

- Aktiv statt Passiv verwenden (Nicht: Man sagt, sondern: Viele behaupten ...)

- Persönlich werden (Das logische Subjekt des Satzes sollte immer eine Person sein. Je persönlicher, desto verständlicher)

- Neues durch Altes (Beispiele, Vergleiche, Begriffe) erklären

- Satzzeichen verwenden (als Regie- und Spannungseffekte)

- Mehr Verben, weniger Substantive (Nicht: »... erfolgte die Bearbeitung des Manuskripts«, sondern: »... dann bearbeitete er das Manuskript«)

- Keine zusammengesetzten Verben (wie: in Bewegung setzen)

- Gliederungshilfen verwenden (wie: rhetorische Fragen, Doppelpunktsätze, Aufzählungen, Zusammenfassungen, Regeln, Leitsätze)

■ *Gliederung*

- **Einleitung** — Thema vorstellen (Warum ist Ihr Thema für die Zuhörer interessant, aktuell, wichtig?)

- Aufmerksamkeit gewinnen (Wie wecken Sie Neugierde, Spannung?)

- Sympathie gewinnen (Vertrauen und Glaubwürdigkeit durch die Betonung von Gemeinsamkeiten gewinnen)

- **Hauptteil** — Kerngedanke vorstellen (Was ist Ziel, Zweck und Sinn der Rede)

- Situation analysieren (Wie war die Situation in der Vergangenheit, wie ist sie heute, welche Tendenzen weisen in die Zukunft?)

- Beweise bringen (durch Zahlen, Tatsachen, Beispiele, Vergleiche vor allem in Form bildlicher Darstellungen)

- Folgen aufzeigen (Welche positiven, welche negativen Folgen ergaben sich daraus bzw. sind zu erwarten?)

- Gefühle ansprechen (Wie lassen sich die positiven und negativen Folgen in gefühlsbetonten Worten und Bildern darstellen?)

- Motive ansprechen (Welche Wünsche, welche Hoffnungen, welche Gefahren berühren die Zuhörer am meisten?)

- Vorschläge machen (Was sollte anders sein? Was ist zu tun? Wie können wlr das Ziel erreichen? Welche Möglichkeiten gibt es?)

- Einwände vorwegnehmen (Welche Vorteile sind von diesen Vorschlägen zu erwarten? Wie hoch ist das Risiko?)

- **Schluß** — Aktion verkünden (Wie gehen wir vor? Was ist zu tun?)

- Appell (Zum Handeln auffordern)

Korrektur des Manuskripts

4. Wie gehen Sie vor?

- Manuskript laut durchlesen (um zu hören, wie es »klingt«)
- Zungenbrecher, Fremdwörter, Schachtelsätze ausmerzen
- Falsche Wörter nicht durchstreichen (sondern mit flüssigem Tipp-ex ausstreichen und neu schreiben)
- Nichts zwischen die Zeilen schreiben (Bei Ergänzungen neuen Satz schreiben, ausschneiden und über den alten Satz kleben)
- Stark korrigierte Seiten neu schreiben
- Manuskriptseiten mit überklebten Textstellen kopieren (um Beschädigungen vorzubeugen)
- Alte und neu korrigierte Textstellen immer wieder laut im Zusammenhang durchlesen (Sprachrhythmus)
- Wichtige Wörter (Stichwörter) mit buntem Stabilo-Stift markieren
- Am Rand »Regieanweisungen« (Pausen, Betonung, Gestik, Schaumaterial) mit bestimmten Zeichen vermerken

Üben und Kontrolle

5. Wie ÜBEN und KONTROLLIEREN Sie Ihre Rede?

- Erster Probevortrag (vor vertrauten Personen)
- Realistische Bedingungen (Tisch, Pult, Mikrofonattrappe ...)
- Tonbandkontrolle (Artikulation, Tonmodulation, Räuspern, äh's und öh's, hörbares Ein- und Ausatmen)
- Zeitkontrolle (Sprechgeschwindigkeit pro Seite, Rededauer)
- Bewegungskontrolle (sicheres Auftreten? Standvermögen? überlegt eingesetzte Gestik? keine »unbewußten« Gesten?)
- Sprechkontrolle (zu schnell? zu hoch? zu eintönig?)
- Freie-Rede-Kontrolle (Blickkontakte? Steckenbleiben? Versprecher?)
- Wirkungskontrolle (sympathisch? überzeugend? suggestiv?)
- Konzentrationskontrolle (bei Beginn, bei Zwischenrufen)
- Textkontrolle (Verständlichkeit, Fremdwörter, Sprachrhythmus, Schachtelsätze, Zungenbrecher, Klarheit, Gliederung)
- *Üben* Sie — die Einleitungs- und Schlußsätze, eine hohe Sprechgeschwindigkeit (bei Überzeugungsstellen), einen möglichst intensiven Blickkontakt (Stichwortlesen), bewußt kontrollierte Körperbewegungen (Suggestivkraft), die Variierung von Sprechtempo, Tonhöhe, Lautstärke und Wirkungspausen
- Zweiter Vortrag: Beim ersten Probevortrag sollten Sie vor allem Sprache und Text üben und kontrollieren. Beim zweiten Probevortrag sollten Sie Ihr Auftreten und Verhalten überprüfen.

Kurz vor der Rede

6. Was sollten Sie KURZ VOR Ihrer Rede berücksichtigen?

- Zeitplan festlegen (Abfahrtszeit, Fahrtzeit, Parkplatzsuche, Mikrofon- und Raumkontrolle, Zeit für gedankliche Konzentration)

- Mikrofon (Lautstärke, Standhöhe) und Rednerpult (Höhe) kontrollieren

- Medien wie Overheadprojektor, Diaprojektor, Filmprojektor auf Funktionstüchtigkeit, Sehschärfe und Bildschärfe kontrollieren

- Manuskript/Stichwortzettel immer an einem Ort (z. B. Brusttasche) verwahren

- Absprache mit Veranstalter (über eigene Vorstellung, Ehrengäste, Vor- und Nachredner, Diskussionsverfahren, Programmveränderungen, genauen Redebeginn)

- Ergänzung des Manuskripts (Dank an Veranstalter, Begrüßung der Ehrengäste, Hinweis auf Diskussionsverfahren, Themenabgrenzung)

- Absprache mit Teilnehmern (über Handzeichen bei zu geringer Lautstärke, Zwischenbeurteilung in der Pause etc.)

- Konzentration (Ruhe, Mundgymnastik durch Schnellsprechübungen)

Während der Rede

7. Was sollten Sie während Ihrer REDE berücksichtigen?

- Gehen Sie sicher zum Rednerpult (ohne vorher noch jemanden anzusprechen)

- Nehmen Sie sich die Zeit, Mikrofon und Pult richtig einzustellen (wenn ein anderer Redner vor Ihnen sprach)

- Nehmen Sie vor dem ersten Sprechkontakt vollen Blickkontakt mit den Zuhörern auf. Blicken Sie immer wieder bestimmte Zuhörer an, um an deren Verhalten Ihre Wirkung zu kontrollieren

- Sprechen Sie nicht eher, bevor die Zuhörer ruhig sind!

- Sprechen Sie anfangs langsam, zurückhaltend, erst allmählich schneller!

- Legen Sie eine kleine farbige MAHNKARTE vor sich auf das Pult (Text: Pause machen! — Bewußt sprechen! — Wirkung kontrollieren!)

- Entschuldigen Sie sich nicht, wenn Sie sich räuspern oder versprechen. Sprechen Sie einfach weiter oder wiederholen Sie im gleichen Tonfall das letzte Wort

- Vermeiden Sie »Stegreifausflüge« von Ihrem Manuskript

- Bekämpfen Sie die Lust zu plötzlichen Assoziationen, Einfällen und Ideen (Rückkehr und Redezeit beachten)

- Halten Sie sich an die Redezeit

ZWEITER TEIL

Verhandeln

I Zehn bekannte Verhandlungsmethoden

Napoleon sagte einmal: »Was nicht zu Ende gedacht ist, bringt kein Ergebnis.« — Wer eine Verhandlung beginnt, ohne sich über Eröffnung, Verhandlungspartner, Verhandlungsziel und Verhandlungsmethoden Gedanken zu machen, gleicht einem Mann, der in irgendein Kino geht und dann enttäuscht ist, wenn er statt des erwarteten Lustspiels ein »Trauerspiel« sieht.

Keinem Leistungssportler würde es je einfallen, sich — ohne vorher warmzulaufen und Gymnastik zu machen — im Straßenanzug zum Start über 100 Meter niederzuknien. Böse Verletzungen wären die Folgen. Seine Siegeschancen wären gleich Null.

Von einem erfolgreichen amerikanischen Verkäufer habe ich dazu folgende Überlegungen gehört: »Lieber gehe ich zwei Stunden vor dem Laden auf und ab und denke nach, was ich sagen werde, als sofort den Laden zu betreten und fünf Minuten später wieder verärgert vor der Türe zu stehen.«

Dieser bewußte »Reaktionsstau« — zuerst nachdenken, dann erst handeln — ist zugegeben sehr schwer. In der Psychologie wird dieser fehlende Reaktionsstau vor einem nahen Ziel (Reiz) als »Zeigarnikeffekt« bezeichnet — benannt nach einem Test, den Zeigarnik dazu durchführte: Er legte vor einen großen Gitterkäfig ein schönes, saftiges Stück Fleisch. An der rückwärtigen Seite des Käfigs war ein schmaler Durchlaß. Im Käfig selbst befand sich ein Hund. Zeigarnik bewies nun folgendes: Legte er das Fleisch in dem Augenblick vor den Käfig, in dem der Hund dieser Stelle sehr nahe war, so versuchte der Hund alles, um sich durch die Gitterstäbe zu zwängen. Das gelang ihm natürlich nicht und es gelang ihm auch nicht über einen Umweg, den Durchlaß auf der Rückseite (Überlegung), zu diesem Fleisch zu kommen. Befand sich jedoch der Hund in dem Augenblick, in dem Zeigarnik das Fleisch vor den Käfig legte, an der Rückseite des Käfigs — also ziemlich weit weg — so gelang es dem Hund in den allermeisten Fällen, den »Umweg« zu finden.

Die unmittelbare Nähe des Zieles (Reizes) hatte die Orientierungs- und Denkfähigkeit des Hundes vollständig blockiert. Ein Effekt, der bei den Menschen fast in gleicher Weise auftritt.

Max-Merkel-Methode (oder Bilanzmethode)

Max Merkel — seinerzeit zum zweitenmal Trainer beim TSV 1860 München — erklärte einmal in einem Interview mit dem PLAYBOY, wie er mit neuen Spielern verhandle. Die Technik ist gewiß nicht neu, aber Merkel zeigte zweierlei:

1. Wie man diese Technik fantasievoll ausschmücken und dramatisch aufputzen kann und
2. wie man diese Technik auch in scheinbar unlogischen Situationen mit Erfolg anwenden kann.

Playboy: Die »Sechziger« werden ja auch »die Löwen« genannt — Sie hatten aber nur Ersatz-»Löwen« und brauchten ungefähr 18 richtige »Löwen«.

Merkel: Wir haben überall mit Spielern gesprochen. Sportlich hätten mehrere gern bei uns gespielt. Aber dann kam immer die Sache mit dem Geld. Da war zum Beispiel der Torjäger von St. Pauli Hamburg, Frank Gerber. Der kommt zu mir und sagt: »Ich hätte gern bei ›Sechzig‹ gespielt. Ich stell' mir vor: 75 000 Mark netto auf die Hand bei der Unterschrift.«

Sag' ich: »Sehr schön, nur 75? Ich würd' Ihnen gern 100 geben. Also schreiben wir auf, 100 000 Mark auf die Hand bei der Unterschrift. Bitte, was wollen Sie noch?«

»Ja, die Siegesprämie.«

»Also 10 bis 15 000 Mark im Jahr. Die kriegen Sie auch. Was noch? Monatsgehalt? Wieviel? 2000 Mark? Bitte!«

Dann habe ich das zusammengerechnet. »Gut, das ist Ihre Seite«, habe ich gesagt. »Der Verein garantiert Ihnen all das. Das ist eine Seite der Gleichung. Und was garantieren Sie mir?«

»Ich? Ich nichts.«

»Hör mal, was ist denn das für ein Geschäft? Garantieren Sie mir, 1860 München wird vorne stehen? Garantieren Sie mir, daß wir aufsteigen? Dann können's noch 100 000 Mark mehr haben!«

Das könnte er nicht tun, hat er da gemeint. »Sehen Sie«, sage ich, »und wir können das auch nicht.«

Wenn wir uns die Verhandlungsmethode Merkels genauer ansehen, hat er folgendes gemacht:

● Er hat ein Blatt Papier genommen, in der Mitte einen Strich gezogen, auf die eine Seite: »Was garantiert 1860 München« und auf die andere Seite: »Was garantiert Franz Gerber« geschrieben.

● Er hat seinen Verhandlungspartner direkt aufgefordert, alle seine Wünsche und Forderungen anzumelden, hat sie teilweise sogar noch selbst etwas erhöht, so daß am Ende ein hübsches Sümmchen herauskam, während die andere Seite noch unschuldig weiß glänzte.

● Er hat dann den Verhandlungspartner aufgefordert, seine Leistungen — wenn möglich in Form von Garantien — zu nennen. Die schriftliche Form seiner »Buchhaltung« diente ihm dabei als Druckmittel. Sie sollte den Spieler zumindest zu der Einsicht bringen, daß seine Forderungen im Verhältnis zu seinen »Unverbindlichkeiten« weder fair noch praktikabel sind.

Diese Methode läßt sich immer dort anwenden, wo zwei Leistungen *fair* miteinander verglichen werden sollen. Ebenso auch, wo zwei Leistungen *unfair* miteinander verglichen werden sollen. Das ist dann der Fall, wenn ein Partner exakte Zahlen für sich beanspruchen kann (Arbeitgeber/Gehaltssumme), der andere aber seine »Leistungen« nur sehr schwer in Mark und Pfennig angeben kann (Mitarbeiter). Wichtig ist bei dieser Verhandlungsmethode, daß man mit Fantasie nach allen nur irgendwie verwertbaren »Leistungsbelegen« sucht, die sich in konkreten Größen darstellen lassen.

Merkels Buchhaltung:

Was garantiert 1860 München?		Was garantiert Franz Gerber?
1. Handgeld netto	75 000 DM	1. Gerber garantiert nichts:
2. Zuschlag	25 000 DM	2. keinen ersten Platz
3. Siegesprämie	15 000 DM	3. keine Meisterschaft
4. 13 Monatsgehälter à 2000 DM	26 000 DM	4. keinen Aufstieg
	141 000 DM	
5. Meisterschafts- prämie	100 000 DM	
Total	241 000 DM	Total —,—

Johnson-Methode (oder Vier-Stufen-Methode)

Johnsons Verhandlungskunst war in Washington berühmt und gefürchtet. Denn Johnson blieb nicht allein bei den »facts«; er wußte auch, wann es Zeit war, bei einem Senator, dem er einmal geholfen hatte, »Schulden einzutreiben«. Johnsons Geschick war es, Tatsachen und persönliche Bindungen zu einen untrennbaren Verhandlungspaket zusammenzuschnüren. Seine »Spezialität« waren deshalb auch persönliche Unterredungen und die Überzeugung von kleineren Gruppen.

Die Taktik: Wenn Johnson ein Projekt durchsetzen wollte, fächerte er das Problem soweit auf, daß er nicht eine Lösung, sondern vier Lösungen erarbeitete — von denen er natürlich eine deutlich bevorzugte. *Diese vier Lösungsmöglichkeiten baute er stufenförmig, je nach ihrer Qualität und politischen Durchsetzbarkeit auf:*

1. die bestmögliche (politisch kaum durchsetzbare) Lösung
2. die akzeptable (politisch mögliche) Lösung
3. die unbefriedigende (jedoch rasch durchsetzbare) Lösung
4. die unerträgliche (politisch problemlose) Lösung

Runde eins

Johnson beginnt seine Verhandlungspartner von *unten* her aufzurollen, d. h. sie zuerst von der unerträglichen Lösung abzubringen. Dies erreicht er, indem er seine Verhandlungspartner absichtlich und in aller Ruhe aus ihrem geistigen Gleichgewicht bringt — ein Verfahren, das er meisterhaft beherrschte und bei dem er großen Mut mit dem Verständnis für die Argumente seiner Partner vereinigte.

Die Methode dazu sind Appelle an die gemeinsame Lage, an die Verantwortung vor der Geschichte und dem Land, an das politische Überleben, das selbständige kritische Denken, etwa in der Form: »Ich verstehe Ihre Schwierigkeiten, meine Herren, schließlich bin ich ja ebenfalls Texaner wie Sie ... und ich weiß, daß Sie persönlich keine Rassenvorurteile haben ... aber ich weiß auch, daß Sie nicht so können wie Sie wollen, wenn Sie nicht politischen Selbstmord begehen wollen. Aber Sie sind verantwortungsbewußt und mutig und werden für eine gerechte Lösung einstehen, nicht weil ich es will ... sondern weil es die Geschichte dieses Landes erfordert ...«

Bei dieser Gelegenheit malt er diese völlig unerträgliche Lösung durch Witz, Schlagfertigkeit, Sarkasmus, Ironie und beißende Angriffe als so absurd und rückständig aus, daß schließlich nur Vollidioten ihr noch zustimmen können.

Runde zwei

Nachdem die unerträgliche Lösung aus dem Wege geräumt ist, geht er daran, mit sehr viel größerer Vorsicht die augenfälligen Schwierigkeiten und Nachteile der zweitschlechtesten Lösung darzulegen, wobei er es jedoch vermeidet, sie als hoffnungslos dumm zu bezeichnen. Es besteht ja immerhin die Gefahr, daß er sich im Laufe des Gefechtes auf diese Linie (Verhandlungsposition) zurückziehen muß. Gegen Ende dieser Runde versucht er die Neugierde für eine eventuell noch bessere Lösung zu wecken, die sie sich zumindest einmal anhören sollten.

Runde drei

In Runde drei macht er sich daran, »Schulden« einzutreiben, indem er vergeßliche Verhandlungspartner an seine Dienste, Gefälligkeiten und Empfehlungen erinnert. Natürlich mit Diskretion und Zurückhaltung, um nicht ihren

Stolz zu verletzen, aber immerhin … Dabei wirkt er im Tonfall noch eindringlicher, obwohl er sich nach außen locker und ungezwungen gibt. Ähnlich wie beim mittelalterlichen Lehensbündnis versucht er, die ihm verpflichteten Partner zum gemeinsamen Waffengang zu bewegen.

Jedoch fordert er von den anderen kein Risiko, das er nicht selbst zu leisten bereit wäre. Die Lösung, die er in dieser Runde vorschlägt — die akzeptable Lösung — glaubt und hofft er, auch politisch durchsetzen zu können.

Runde vier

Auch wenn noch nicht alle mit der »akzeptablen« Lösung einverstanden sind, stellt er ihnen — gleichsam als ideale Zukunftsvision — sein optimales Lösungsmodell vor, das er je nach Stimmung kürzer oder länger mit Eifer verteidigt, um sich dann von den schon beunruhigten Verhandlungspartnern wieder auf Lösung zwei »herunterhandeln« zu lassen. Damit haben beide Parteien ihr Gesicht gewahrt. Johnson hat die heute politisch akzeptable und durchsetzbare Lösung erhalten. Die Verhandlungspartner haben ihn von seinen utopischen Visionen »heruntergehandelt«. Dieses Gefühl, daß beide gewonnen haben, ist das Fundament der neuen Lösung.

Technik

1. Wenn Sie ein Problem lösen wollen, denken Sie sich nicht ein Verhandlungsziel, sondern vier Verhandlungsziele aus.

2. Bewerten Sie die einzelnen Lösungen/Ziele nach ihrer Qualität und möglichen Durchsetzbarkeit. Legen Sie Ihr Hauptaugenmerk auf die akzeptable Lösung, die Sie dann auch durchzusetzen versuchen.

3. Beginnen Sie die Verhandlung damit, Ihre Partner von der schlechtesten Lösung abzubringen — durch eine drastische Ausmalung der Nachteile, durch einen Appell an ihre Verantwortung.

4. Erläutern Sie dann die Nachteile und Schwierigkeiten der Lösung drei, ohne diese Lösung jedoch für völlig unannehmbar zu erklären.

5. Wecken Sie die Neugierde für die nächstbessere Lösung, die akzeptable Lösung. Appellieren Sie persönlich an Ihre Verhandlungspartner. Treiben Sie »Schulden« ein.

6. Leiten Sie dann ohne Übergang zur bestmöglichen Lösung über, die sich Ihre Verhandlungspartner wenigstens einmal anhören sollten.

7. Wird der Widerstand gegen dieses optimale Lösungsmodell zu groß, lassen Sie sich wieder auf Lösung zwei »herunterhandeln« und schließen einen Kompromiß, so daß beide Parteien gewonnen und ihr Gesicht gewahrt haben.

Talleyrand-Methode (oder Kongreßmethode)

Als Beispiel für die einzigartige Verhandlungskunst Talleyrands soll hier sein Meisterstück — die Verhandlungen auf dem Wiener Kongreß — dargestellt werden; Lehrstück für jeden, der auch in scheinbar aussichtsloser Position mit mehreren (feindlichen) Parteien zu verhandeln hat.

Die Ausgangssituation: Man schrieb das Jahr 1814. Napoleon war unter dem Druck der Alliierten von seiner Armee zur Abdankung gezwungen worden und befand sich seitdem auf der Insel Elba. Mit Ludwig XVIII. waren die Bourbonen wieder auf den französischen Königsthron zurückgekehrt. Nach dem ungeheuren Blutzoll der Befreiungskriege (allein bei der Dreivölkerschlacht von Leipzig gab es über 100 000 Tote und Verwundete) schien Frankreich — total isoliert — die Beute seiner vormals unterdrückten Gegner zu werden. Das war die Lage. Talleyrand wollte aber nicht nur Frankreich vor der Beutegier der Alliierten bewahren, sondern ihm auch wieder den Rang zurückerobern, den es seiner Meinung nach verdiente: den Rang einer europäischen Großmacht. Wie ging er vor?

1. Vorbereitung

Talleyrand verfaßte als erstes ein Memorandum, in dem er lückenlos alle damals bedeutenden europäischen Fragen aufgriff und seine politische Haltung dazu festlegte. Dadurch wußte er, was er wollte.

2. Einfluß

Anfangs war Frankreich (Talleyrand) nicht einmal zu den Sitzungen der Großen — Österreich, England, Rußland und Preußen — zugelassen. Talleyrand vermied es jedoch sorgsam, sich darüber zu beschweren (Würde) oder gar um Einlaß zu bitten (Demonstration der Abhängigkeit). Um so mehr kümmerte er sich um die Angelegenheiten der Kleinstaaten, schürte ihre Unzufriedenheit, sagte ihnen seinen Beistand zu, und wurde so innerhalb kürzester Zeit der Vertreter Resteuropas.

3. Interessenverbindung

Nachdem sich Talleyrand das Wohlwollen und Vertrauen der Kleinstaaten gesichert hatte, gab er einem der Vertreter dieser Kleinstaaten, dem Chevalier de Labrador, den Rat: »Sie sollten Ihr Recht geltend machen, an den Komiteesitzungen teilzunehmen; ein Recht, das Ihnen als Signaturmacht des Pariser Vertrages zusteht.« Talleyrand überließ es dem Chevalier, die Eintrittskarte zu lösen, denn die vier Großmächte mußten wohl oder übel die kleinen Nationen zu ihren Sitzungen zulassen. Und Talleyrand schlüpfte gleich mit hinein. Gehörte er nicht zu den Unterzeichnern des Pariser Vertrages?

4. Verhandlungswaffe

Die Waffe, mit der Talleyrand verhandelte, waren Prinzipien. Einmal das Prinzip des Rechts, der Legitimität. Diese Waffe gebrauchte er vor allem in der Anfangsphase, als es galt, die Kleinstaaten hinter sich zu scharen und die Großmächte zu verunsichern. Zum andern das Prinzip der (natürlichen) Solidarität, das er in der Spätphase gebrauchte, um zwischen die Großmächte einen Keil der Unzufriedenheit und Unsicherheit zu treiben.

5. Verhandlungsmethode

Talleyrands Vorgehen läßt sich auf folgenden kurzen Nenner bringen: »Sympathiegewinnung auf der einen und Verunsicherung auf der anderen Seite durch die ständige Wiederholung seiner Prinzipien.« — An seinen König Ludwig XVIII. schrieb er: »Ich werde sanft, konziliant, aber bestimmt sein ... Ich werde nur über Prinzipien sprechen und niemals davon abgehen.« Genauso ging er vor: Immer wieder machte er sich zum Verfechter des Rechts, der Legitimität — von Begriffen, die in Europa seit zwanzig Jahren nicht mehr gebraucht worden waren, weil man Recht mit Stärke gleichgesetzt hatte; Begriffen, die zum Zauberwort für die Kleinstaaten wurden, weil sie jetzt fast wie Besiegte behandelt wurden und der Beutegier der Großmächte zum Opfer zu fallen drohten; Begriffen, die die blanken Machtansprüche der Großmächte enthüllten und Frankreich (Talleyrand) zum Vertreter des Rechts, der Gerechtigkeit und der politischen Moral (!) machten.

6. Sitzordnung

Als Talleyrand zum ersten Mal den Konferenzsaal betrat, setzte er sich sogleich auf den freien Stuhl zwischen Castlereigh (England) und Metternich (Österreich). Ein Schachzug, der ihm gleich mehrere Vorteile sicherte:

Zum einen dokumentierte er damit, für jeden sofort sichtbar die hervorragende Stellung Frankreichs, zum anderen
die beabsichtige Gemeinschaft (natürliche Solidarität)
mit den Großmächten, die Frankreichs Interessen am
nächsten standen, und zum dritten schuf er damit — allein
durch die Sitzordnung — ein psychologisches Überge-
wicht der drei Westmächte gegenüber den »natürlichen«
Gegnern Preußen und Rußland.

Talleyrand hatte schon bei der ersten Begegnung mit den
Großmächten jene Fronten abgesteckt, die dann einige
Monate später auch tatsächlich so aufbrechen sollten.

7. Verhandlungstaktik

Obwohl Talleyrand und damit Frankreich als Aggressor
auf der Anklagebank saßen, ging Talleyrand sofort zum
Angriff über. Durch eine penetrant wiederholte Verunsicherung der Großmächte wußte er sich Respekt zu ver-
schaffen. Denn nur der Verhandlungspartner, der akzeptiert wird, erhält auch akzeptable Verhandlungs-Vorschlä-
ge. Wiederum war es sein Prinzip des Rechts, das er er-
barmungslos zur Verunsicherung seiner Gegner einsetzte.

Erste Frage Talleyrands: Warum bin ich allein ohne Bevollmächtigten eingeladen worden? — Antwort: Es seien
überhaupt nur die Führer der jeweiligen Staaten eingeladen worden. Zweite Frage: Warum ist dann der Spanier
M. anwesend, der doch nicht der Führer der spanischen
Abordnung ist, und warum ist Preußen durch zwei Vertreter anwesend? — Jede Antwort, die eine Rechts- oder
Gleichheitsverletzung darstellte, wurde zum Punktgewinn
für Talleyrand. Sind doch in der Diplomatie wie in der
Kriegsführung auch kleine Siege oft sehr bedeutungsvoll.

Talleyrand fuhr fort. Als einem Vertreter der großen Vier
das Wort »Verbündete« entschlüpfte, stieß er sofort nach:
Sollte ich falsch verstanden haben? Verbündete gegen
wen? Doch nicht mehr gegen Napoleon, er ist auf der In-

sel Elba. Doch nicht gegen Frankreich: der Friede ist geschlossen. Doch nicht gegen den König von Frankreich, er ist der Garant des Friedens. Meine Herren, sprechen wir offen miteinander. Wenn es noch verbündete Mächte gibt, bin ich hier überflüssig. — Antwort der Verbündeten: Man habe das der Kürze wegen getan. Talleyrands Konter: »Kürze sollte niemals auf Kosten der Richtigkeit erstrebt werden!« Dann nahm er das Protokoll in die Hand, legte es wieder weg, besah es sich noch einmal und sagte dann: »Das verstehe ich nicht. Für mich gibt es nur zwei Tage und dazwischen gar nichts. Den 30. Mai, an dem wir den Frieden geschlossen haben, und den 1. Oktober, an dem über diesen Frieden verhandelt werden sollte. Was aber lese ich hier? (Die Großmächte hatten in der Zwischenzeit über die Verteilung der Beute bereits ein Protokoll angefertigt.) Wenn man schon alles vor der Eröffnung des Kongresses regeln will, so heißt das meiner Meinung nach, das ans Ende zu setzen, was an den Anfang gehört. Alles, was in der Zwischenzeit stattgefunden hat, ist, soweit ich damit zu tun habe, nicht vorhanden.«

Verärgert zogen die Großmächte ihre schönen Beuteprotokolle zurück und verbrannten sie. Eine öffentliche Verlesung wäre für sie auch zu peinlich gewesen.

8. Verhandlungstaktik II

Nachdem sich Talleyrand seine Stellung in dieser kleinen und allmächtigen Gesellschaft gesichert hatte, begann er mit seinem zweiten Prinzip — dem Prinzip der natürlichen Solidarität — die Eintracht seiner Verhandlungsgegner zu unterminieren. Die Hebel, an denen er mit minimaler Kraft ansetzen konnte, waren die Macht- und Besitzansprüche, die Neid- und Rivalitätsgefühle unter den vier Großmächten. Doch bevor er dazu ansetzte, sang er für sich das Hohe Lied der Uneigennützigkeit: »Ich bin der einzige, der nichts verlangt (was durfte er nach Napoleons Eroberungskriegen schon verlangen). Achtung und

Anerkennung, das ist alles, was ich für Frankreich will (ob das Napoleon für Europa auch wollte?). Ich wiederhole, ich will nichts, und ich bringe Ihnen unendlich viel. (Noch etwas außer der Verbrennung von Protokollen?).«

Danach ließ Talleyrand, der noch vor kurzem spitz gemeint hatte, es gebe keine Verbündeten mehr, das Wort »Verbündete« wie beiläufig fallen. Metternich: »Reden Sie nicht von Verbündeten, die gibt es nicht mehr.« — Talleyrand: »Es gibt hier in Wien Leute, die von Rechts wegen Verbündete sein sollten — in dem Sinne nämlich, daß ihre Gedanken und Wünsche sich in gleicher Richtung bewegen müßten.« Und dann stichelte Talleyrand und rührte Ängste auf: »Wie bringen Sie den Mut auf, russisches Gebiet wie ein umschnürendes Band um Ihren besten und wichtigsten Gebietsbesitz, nämlich Ungarn und Böhmen, zu legen? Wie können Sie es zulassen, daß der ganze Erbbesitz eines alten und guten Nachbarn (Sachsen) Ihrem natürlichen Feinde (Preußen) gegeben wird?«

Damit setzte Talleyrand seine zweite Verhandlungswaffe ein: nach dem Prinzip der Legalität, das Prinzip der (natürlichen) Solidarität. Talleyrand ging dabei ebenso geschickt wie skrupellos vor: Auf der einen Seite schürte er die Neid- und Unsicherheitsgefühle unter den Großmächten, um die Eintracht der Alliierten zu unterminieren. Auf der anderen Seite beschwor er England und Österreich immer wieder, in Frankreich ihren »natürlichen« Verbündeten zu sehen — und nicht in Preußen oder Rußland.

Das Ergebnis

Bereits zwei Monate nach Konferenzbeginn hatte Talleyrand Österreichs und Englands Argwohn gegen den eroberungssüchtigen und herrschsüchtigen Osten derart angestachelt, daß die drei Westmächte in größter Heimlichkeit ein Verteidigungsbündnis gegen Preußen und Rußland abschlossen. »Jetzt, Sire«, schrieb Talleyrand an seinen König, »ist die Koalition auseinandergefallen ...«

Talleyrands Wiener Kongreßverhandlungen als Beispiel für schwierige Verhandlungen

1. Vorbereitung

Bereiten Sie sich schriftlich vor. Legen Sie Ihre Verhandlungsziele, Verhandlungsgrundsätze und Verhandlungsmethoden vorher genau fest.

2. Einfluß

Versuchen Sie Einfluß zu gewinnen, indem Sie sich mit Verhandlungspartnern zusammenschließen, die die gleichen Interessen (= Ziele und Befürchtungen) haben.

3. Verhandlungswaffe

Suchen Sie nicht nach zwanzig schwachen, sondern nach zwei, drei starken Argumenten. Je moralisch hochstehender Ihre Argumente sind, um so unangreifbarer sind sie.

4. Verhandlungsmethode

Eine der geeignetsten Methoden ist die Wiederholungstechnik: immer wieder seine Forderungen und Ansichten zu wiederholen und sich dabei auf keine »Diskussionen oder Einzelheiten« einzulassen.

5. Sitzordnung

So wie Fußballanhänger nur Wirkung erzielen, wenn sie im gegnerischen Stadion einen Block bilden, so sollten auch Sie bei Verhandlungen jede Chance nützen, auch optisch (durch Gefolgschaft) stärker zu erscheinen.

6. Verhandlungstaktik

Eine alte Regel lautet: Angriff ist die beste Verteidigung. Als Angriffswaffen bieten sich an: Zermürbung durch Zeitschinderei, Verunsicherung durch Nadelstichpolitik, Einschüchterung durch barsches Vorgehen, Einwickeln durch Charme und Liebenswürdigkeit, Ablenkung durch hartnäckige Detail-, Form- oder Stilfragen.

Eine hervorragende Quelle für Ihre Verhandlungstaktik bieten das genaue Studium aller bisherigen Verträge und Abmachungen mit der gegnerischen Partei.

8. Verhandlungstaktik II

Eine ebenso alte Herrschaftsregel lautet: Divide et impera (teile und herrsche). Wenn Sie einer geschlossenen Phalanx von Verhandlungspartnern gegenüberstehen, versuchen Sie einen Keil in diese Eintracht zu treiben und selbst Verbündete zu gewinnen.

Bei Abstimmungen sprechen Sie zuerst die Uninteressierten an und versuchen Sie, sie von Ihren Vorschlägen zu überzeugen. Bei geschlossenen Kreisen versuchen Sie, die einzelnen Verbündeten durch die Mobilisierung von Neid-, Angst-, Besitz- und Machtgefühlen zu spalten und Verhandlungspartner, die von den gleichen Hoffnungen und Befürchtungen bedroht sind wie Sie selbst, zu Verbündeten zu gewinnen.

9. Imagepflege

Betonen Sie bei all Ihren Bemühungen und Verhandlungen immer wieder Ihre Selbstlosigkeit, Uneigennützigkeit. Auch Gemeinplätze sind Verhandlungswaffen — und keine schlechten.

Bel-Ami-Methode (oder »Senfkornmethode«)

Die Situation: In seinem Roman »Bel Ami« stellt Maupassant eine der klassischen Verhandlungsmethoden dar, eine Methode, die dem Säen und Ernten des Bauern gleicht: Man lockert zuerst das Erdreich, sät den Samen aus, um dann keineswegs sofort, sondern erst sehr viel später die »Ernte« zu erwarten. Praktisch heißt das: Man macht dem Verhandlungspartner einen Vorschlag, verbietet ihm aber gleichzeitig, sofort darauf zu antworten. Man will seine Meinung erst später hören. Oder noch besser: Man will erst durch die »Tat« wieder von ihm hören.

Bei der nachfolgenden Verhandlung geht es darum, wie Georg Duroy, der junge aufstrebende Journalist, noch am

Totenbett seines Freundes und Vorgesetzten um die Hand dessen Frau — Madeleine Forestier — anhält.

»Leise sagte er zu ihr: ›Hören Sie zu und verstehen Sie richtig, was ich sagen will. Entrüsten Sie sich nicht, daß ich in einem solchen Augenblick zu Ihnen rede, aber übermorgen bin ich nicht mehr bei Ihnen ... Und wenn Sie wieder in Paris sind, ist es vielleicht zu spät ... Ich bin nur ein armer Teufel und habe kein Vermögen. Eine wirkliche Stellung muß ich mir erst noch schaffen, das wissen Sie. Aber ich habe einen starken Willen, verfüge, wie ich glaube, auch über einige Intelligenz ... und ich bin auf dem richtigen Weg. Bei einem Mann, der es zu etwas gebracht hat, weiß man, woran man ist. Bei einem Mann, der erst anfängt, weiß man nie, wo er endet. Um so schlimmer oder um so besser. Ich habe früher einmal in Ihrer Wohnung gesagt, daß es mein schönster Traum gewesen wäre, eine Frau wie Sie zu heiraten. Diesen Wunsch wiederhole ich Ihnen heute. Antworten Sie jetzt nicht. Lassen Sie mich weitersprechen. Ich mache Ihnen keinen Antrag. Ort und Zeit sind dazu nicht geschaffen. Ich lege nur Wert darauf, daß Sie wissen, daß Sie mich durch ein Wort glücklich machen können, daß Sie mich zu Ihrem brüderlichen Freund oder zu Ihrem Mann machen können ... ganz wie Sie es wollen, daß mein Herz und ich selbst ganz Ihnen gehören. Ich will nicht, daß Sie mir jetzt antworten. Ich will auch nicht, daß wir hier weiter darüber sprechen. Wenn wir uns in Paris wiedersehen, sollen Sie mir sagen, wozu Sie sich entschlossen haben. Und bis dahin kein Wort mehr.‹

Er hatte das alles gesagt, ohne sie anzusehen ... als hätte er die Worte hinausgesät in die Nacht. Sie schien ihn gar nicht gehört zu haben, so ohne jede Bewegung war sie geblieben. Mit starren, leeren Augen sah sie hinein in die weite Landschaft, über der das fahle Licht des Mondes lag.«

Vergleichen wir einmal kurz die beiden Verhandlungsmethoden von Talleyrand und Georg Duroy. Obwohl zwischen ihren Verhandlungszielen Welten liegen, bestehen doch eine Reihe von Gemeinsamkeiten, die für gute Verhandler charakteristisch sind:

● Beide gehen ihr Ziel nicht auf dem kürzesten und damit plumpesten Weg an, sondern nehmen Umwege in Kauf (Talleyrand über die kleinen Staaten, Duroy über die Zeit).

● Beide verstehen es vollendet, ihre Motive als ganz rein und selbstlos darzustellen, besitzen also die für jeden Verhandler hervorragende (und unentbehrliche) Eigenschaft: auf der einen Ebene zu denken, auf einer anderen zu sprechen.

● Beide verstehen es, ihre Gesprächspartner zu motivieren, indem sie ihre Gefühle ansprechen: Talleyrand, indem er zuerst die Ungerechtigkeitsgefühle der Kleinstaaten mobilisiert und dann die Angstgefühle bei Castlereigh und Metternich; Duroy, indem er zuerst als armer Teufel auf das Mitleid und Beschützergefühl von Frau Forestier zielt, dann aber sich als Mann von Intelligenz und Willen ausgibt (Erfolgsgefühl). Beide verstehen es hervorragend, ihre »Motivationszange«, also Zuckerbrot und Peitsche, gleichmäßig einzusetzen.

● Beide nützen den richtigen Augenblick, um Eindruck zu machen: Duroy am Totenbett, kurz nachdem der Gatte gestorben ist und die Witwe sich einsam, hilflos und verlassen fühlt. Talleyrand beim ersten Auftritt, als die »Großen« bereits Dreck am Stecken haben, jedoch nicht im mindesten auf einen solchen harschen Angriff gefaßt sind.

Taktik

1. Schweigegebot

Sagen Sie dem Verhandlungspartner schon bei den ersten Worten, daß er sich nicht entrüsten soll, daß er jetzt keine Antwort geben soll, daß er Ihnen jetzt nur zuhören soll. Nur zuhören.

2. Motivation

Schildern Sie die Situation und kommen Sie dann langsam auf das eigentliche Anliegen zu sprechen. Flechten Sie dabei die urälteste Motivationsmethode ein: Geben Sie Zuckerbrot und Peitsche! Das heißt: Mobilisieren Sie seine Gefühle — vom Angstgefühl bis zur Besitzgier. Üben Sie Druck aus, durch die Nachteile, die ihm drohen, wenn er nicht ... und suggerieren Sie ihm Vorteile, wenn er tut, was man von ihm will. Wichtig ist, daß er durch Ihr langsames Vorgehen allmählich von selbst die letzte Schlußfolgerung zieht, von selbst zu irgendeiner Einsicht kommt. Die ganze Methode beruht ja darauf, daß der andere vor Ihnen nicht das Gesicht zu verlieren braucht, sondern selbst entscheiden soll.

3. Schweigen und Überhören

Entrüstet sich Ihr Verhandlungspartner doch über Ihr Ansinnen und fängt an, Krach zu schlagen, dürfen Sie sich auch nicht mit einem Wort auf eine Diskussion einlassen. Sie schweigen und sagen — falls Sie es noch nicht getan haben — den präzisen Vorschlag mit genauen Termin- und Ortsangaben etc. Unterbrechen Sie auch keinesfalls den »Wutanfall« des anderen. Denn nur so kann er ja bei einem (anfangs) unannehmbaren Vorschlag vor Ihnen das Gesicht wahren — und darauf kommt es ja bei dieser Methode an.

4. Vorschlag

Ohne auf irgendwelche Reaktionen des anderen zu achten, sagen Sie ganz klar, was Sie wann, wie und wo wollen. Wiederholen Sie noch einmal, daß Sie seine Antwort jetzt nicht wollen. Er soll es sich in Ruhe überlegen.

5. Zusammenfassung

Sie fassen zum Schluß noch einmal ganz kurz Ihre Vorteil- und Nachteil-Argumente zusammen, präzisieren nochmals Ihren Vorschlag. Will der andere diskutieren, »flüchten« Sie notfalls aus dem Zimmer. Danach hoffen Sie wie der Bauer auf Sonne und Regen — und auf eine gute Ernte.

Kurfürst-Maximilian-Methode (oder Überrumpelungsmethode)

Einer der wichtigsten Verhandlungsgrundsätze lautet, das »Gesetz des Handelns« an sich zu reißen. Das heißt, bei einer Verhandlung möglichst viel selbst zu bestimmen: Ort, Zeit, Thema, Programm, Vorgehen und Ziel. Agieren, nicht reagieren heißt das erfolgreiche Verhandlungsmotto! Wer die Initiative behält, gewinnt nicht nur einen bedeutenden Zeitvorsprung, eine bessere Einschätzung seiner Gegner, sondern er kann auch den »Überrumpelungseffekt« ausspielen. Wie man das macht, zeigte Kurfürst Maximilian in einem Finanzpoker um 15 Millionen Gulden.

Die Situation: Man schrieb das Jahr 1623. Herzog Maximilian von Bayern hatte soeben am 23. Februar 1623 von Kaiser Ferdinand II. für seine siegreiche Schlacht am Weißen Berg die Kurfürstenwürde erhalten. Das war nur ein Teil der kaiserlichen Entschädigung gewesen; der zweite Teil sollte in Form von Bargeld beglichen werden. Doch da gab es ein Problem: 1623 war auch der Höhepunkt der größten Münzinflation, die das deutsche Reich bis dahin heimgesucht hatte — der »Kipper- und Wipperinflation«. Aus den einst silberhaltigen Kreuzern waren armselige Kupfernickel geworden. Und aus solch »wertlosen« Kippermünzen drohte die kaiserliche Kriegskostenentschädigung zu bestehen. Ein Gedanke, der Maximilian den

Schlaf raubte, denn 15 Millionen Gulden (Rechnungseinheit wie heute die DM) in schönen Talern oder wertlosen Kupfernickeln zu erhalten, war keine Frage, die man damals auf die leichte Schulter nahm. Am 6. April 1623 gedachte der Kaiser den Kriegskostenentschädigungsvertrag zu unterzeichnen. Doch in welcher Währung — alter oder neuer?

Was Maximilian dann in dieser kurzen Zeit vom 23. Februar bis 6. April 1623 erreichte, wie geschickt er Regie führte, ist ein faszinierendes und großartiges Lehrstück für jede Verhandlungsführung. Doch zuvor noch ein Wort zum Münzwesen: Verantwortlich für das Münzwesen waren damals die einzelnen Reichskreise, von denen es zehn gab. Drei davon — der bayerische, schwäbische und fränkische — hatten sich zu den »drei correspondierenden« Kreisen zusammengeschlossen und bestimmten gemeinsam auf einem Münzprobationstag, zu dem die einzelnen Kreise ihre Abgeordneten schickten, das Vorgehen im Münzwesen.

Runde eins

Anfang März 1623 schrieb der neue Kurfürst sofort an den Direktor der drei »correspondierenden« Kreise, den Bischof von Bamberg und beschwor diesen, so schnell wie möglich einen *Extra-Münzprobationstag* einzuberufen. Seine Begründung: Gerade jetzt herrsche das größte Chaos! Höchste Gefahr sei im Anzug. Deshalb sei jetzt die beste Gelegenheit alles zum Guten zu wenden. Und als geschickter Taktiker appellierte Maximilian gleichzeitig auch an das persönliche Verantwortungsbewußtsein des Bischofs.

Runde zwei

Dermaßen in die Motivationszange genommen, beeilte sich der Bischof, dem Ansinnen des neuen Kurfürsten sofort nachzukommen und die verschiedenen Kreisabgeordneten zu einem Extra-Münzprobationstag am 5. April (!) nach Augsburg einzuladen. Diese Einladung traf die anderen Kreise völlig überraschend und unvorbereitet. Während deren Abgeordnete nicht einmal mehr »instruiert« werden, sondern nur noch in die Kalesche springen konnten, um rechtzeitig zur Stelle zu sein, reisten Maximilians Abgeordnete wohlversehen mit einer 26seitigen Instruktion nach Augsburg.

Runde drei

Maximilian hatte seine Abgeordneten angewiesen (obwohl sie mit dieser ausführlichen Instruktion am besten informiert waren), sich »anfangs keiner bestimmten Meinung anzuschließen, sondern nur zuzuhören, wohin die meisten tendierten und fragen, wie sie den Schwierigkeiten zu begegnen gedächten — ohne jedoch die eigene Meinung kundzutun«.

Runde vier

Hauptverhandlungspunkt war der neue Talerkurs, der infolge der Inflation von 60 auf 600 Kreuzer gestiegen war und jetzt wieder auf frühere Werte herabgesetzt werden sollte. Als es zur Abstimmung kam, stimmten die fränkischen Kreisabgeordneten für einen Talerkurs von 72 Kreuzern, die schwäbischen für einen 90-Kreuzer-Kurs. Jetzt erst ließen die bayerischen Abgeordneten die Katze aus dem Sack und stimmten für einen mittleren Kurs, für 80 Kreuzer den Taler.

Runde fünf

Maximilian hatte sich für die zweite Abstimmung die Mittler- oder Entscheidungsrolle zugespielt. Entweder Franken und Schwaben einigten sich auf den bayerischen Vorschlag, oder die bayerische Stimme gab den endgültigen Ausschlag für einen der beiden Vorschläge. Maximilian stimmte schließlich für den schwäbischen Vorschlag. Warum? — Weil er Realist war! Weil es ihm angesichts des Millionenvertrages mit dem Kaiser um eine neue Reichswährung zu tun war, die Bestand haben sollte und auch durchzuführen war. Statt einem schwachen Kompromiß auf den bayerischen Kurs schaffte er sich durch sein Votum für den schwäbischen Kurs eine zusätzliche Rükkendeckung für die neue Reichsmünzordnung — in der er sich dann auch vertraglich vom Kaiser bezahlen ließ. Aus der Bezahlung wurde schließlich doch nichts. Der Kaiser war und blieb pleite. Aber dafür kam die Oberpfalz zu Bayern.

Taktik

1. Maximilian legte sich als erstes einen genauen Zeitplan zurecht, bis zu dem das Verhandlungsergebnis — der neue Talerkurs — vorliegen mußte (6. April).

2. Er motivierte den Direktor der drei Kreise, den Bischof von Bamberg, durch die Mobilisierung seiner Angst- und Verantwortungsgefühle zu der schnellstmöglichen Einberufung eines Extra-Münzprobationstages.

3. Er überrumpelte dadurch seine Verhandlungspartner, die keine Gelegenheit mehr hatten, sich vorzubereiten oder untereinander abzusprechen, während seine eigenen Abgeordneten mit einer sorgfältig ausgearbeiteten »Instruction« anreisten.

4. Maximilian wies seine Leute an, vorerst nur zuzuhören und zu fragen, um sich ein Bild über die Abstimmungsverhältnisse zu machen — jedoch die eigene Meinung zurückzuhalten.

5. Maximilian verzichtete darauf, seine »Zünglein-an-der-Waage-Rolle« voll auszuspielen, suchte lieber eine starke Rükkendeckung für die neue Münzreform, um dadurch das viel wertvollere Vertragswerk mit dem Kaiser (Taler in neuer Reichswährung) nicht zu gefährden.

Politikermethode (oder Nachweismethode)

Tagtäglich werden an Sie Forderungen gestellt: Mitarbeiter wollen mehr Gehalt, Verkäufer einen Auftrag, die Sekretärin eine Stunde frei ... der neue Abteilungsleiter Geld für zusätzliche Investitionen. Was tut man in einer solchen Situation, bei der man eigentlich nicht zustimmen will, andererseits den Bittsteller auch nicht unnötig vergraulen will?

In einer kleinen oberbayerischen Gemeinde habe ich gesehen, wie man es macht. Es hat mich verblüfft, wie hier ein »einfacher« Bürgermeister auf die eleganteste Weise mit einem Bittsteller fertig wurde. Scheinbar lernt diese Technik jeder Politiker bereits mit der Muttermilch, deshalb habe ich sie auch die »Politikermethode« genannt.

Bei dieser Versammlung stand plötzlich der Leiter irgendeines Vereins auf und berichtete des langen und breiten über die Notwendigkeit eines neuen Abenteuerspielplatzes, den man in der Nähe des Pfarrhauses anlegen könnte und der den Nachbarn in dieser Gegend bestimmt gefallen würde. Der Bürgermeister hörte trotz eines leicht aufkommenden Unmuts unter den Zuhörern (den er sofort richtig deutete) mit geduldiger Höflichkeit zu (Regel: nie einen Diskussionspartner, der ernst und sachlich spricht, grob anfahren oder unterbrechen!), dann machte er eine Feststellung und stellte drei Fragen:

Feststellung

Wir haben bereits im Ortsteil A einen Spielplatz, den wir mit sehr hohen Kosten erstellt haben und der jetzt bedauerlicherweise nicht einmal voll genützt wird, dessen Unterhaltungskosten aber den Gemeindesäckel jedes Jahr mit xy Mark belasten. Trotzdem bin ich dafür, Ihren Vorschlag ernsthaft zu prüfen.

1. Frage

Haben Sie schon bei den Nachbarn in dieser Gegend festgestellt, ob sie ihre Kinder wirklich regelmäßig zu diesem
Abenteuerspielplatz schicken würden? ... Nein? — Dann
schlage ich vor, daß Sie mit Ihrem Verein einmal von
Haus zu Haus gehen und eine genaue Befragung vornehmen.

2. Frage

Wer soll den Spielplatz beaufsichtigen? Für einen moder-
nen Abenteuer-Spielplatz braucht man qualifiziertes Per-
sonal. Haben Sie schon Verbindung mit dem Pfarramt
aufgenommen? ... Nein? — Dann schlage ich vor, Sie setzen sich mit dem Herrn Pfarrer in Verbindung und klären,
wer die Aufsicht übernehmen würde.

3. Frage

Ein solcher Spielplatz kostet heute ca. 100 000 Mark. Dazu kommen noch die ständigen Unterhaltskosten und die
Gehälter für das Aufsichtspersonal. Das belastet unseren
Jahresetat mit weiteren 50 000 Mark im Jahr. Haben Sie
schon überlegt, wie wir das finanzieren können, ob wir
dafür vom Land Zuschüsse bekommen? ... Nein? —
Dann schlage ich vor, daß Sie sich mit unserem Kämme-
rer und dem Landrat in Verbindung setzen und einmal
überlegen, wie wir die Finanzierung bewältigen können.
Denn über eines müssen wir uns klar sein: Wir dürfen auf
keinen Fall unüberlegt handeln (Beifall der Anwesenden)
und eine Menge Geld ausgeben, ohne zu wissen, daß es
auch seinen guten Zweck erfüllt.

Wie finden Sie das? — Ohne auch nur die geringste Abwertung des Vorschlags ausgesprochen zu haben, hat dieser Bürgermeister den Bittstellern die gesamte Beweis-
und Nachweislast aufgebürdet. Besonderer Pluspunkt: Er

hat sich mit keinem einzigen Wort festgelegt. Wenn die Nachbarn wirklich mit ihrer Unterschrift für einen neuen Abenteuerspielplatz stimmen, warum nicht ...? Er kann sie dann später jederzeit beim Wort bzw. bei ihrer Unterschrift nehmen.

Taktik

Wie man überraschende Forderungen abwehrt

- Hören Sie sich die Forderung schweigend an, ohne zu widersprechen oder zu unterbrechen
- Lassen Sie sich in keine Diskussion über den eigentlichen Verhandlungsgegenstand ein, sondern versuchen Sie die sofortige Erfüllung durch fünf Antworten zu verzögern
- Unverbindlichkeit: »Ich werde sehen« (berühmter Ausspruch Ludwig XIV. gegenüber Bittstellern)
- Schriftlichkeit: »Machen Sie mir ein schriftliches Angebot«
- Begründung: »Warum wollen Sie ...?«
- Gegenforderung: »Ich bin damit einverstanden, wenn Sie ...«
- Beweis: »Können Sie das beweisen ...?«
- Zeitgewinn: »Das kann ich jetzt nicht entscheiden, sprechen wir später ... darüber«

Schuld-Methode

Dieses Kapitel handelt davon, wie man einen Verhandlungspartner ins Unrecht setzt, sein Schuldgefühl weckt und dadurch zu Kompromissen oder besonderen Leistungen »motiviert«.

Nehmen wir an, Sie wollen mit einem Unternehmensberater zusammenarbeiten und eine wirklich gute Leistung erhalten. Das heißt auch: Sie wollen diesen Mann enger und persönlicher an sich binden, als es die reine Geschäftsbeziehung vorsieht. Sie werden Ihre Motivationszange herausholen. Hebel eins: Sie erzeugen ein Schuldgefühl. Hebel zwei: Sie machen ihm Hoffnung auf weitere Aufträge, Referenzen, Empfehlungen. Hier nun die Anwendung von Hebel eins — wie man ein Schuldgefühl erzeugt.

Angenommen, der Unternehmensberater läßt Sie gegen die Vereinbarung eine halbe Stunde warten, kommt zu spät und entschuldigt sich ungeschickt mit den Worten: »Ich hoffe, daß ich mich nicht zu sehr verspätet habe.«

Was würden Sie jetzt tun? Vor der gleichen Situation stand einmal Hitler, als sein Rhetoriklehrer Paul Devrient zur ersten Stunde zu spät kam und sich mit den gleichen ungeschickten Worten zu entschuldigen suchte. Innerhalb von ein paar Minuten machte Hitler aus Devrient einen schuldbewußten Sündentropf, kanzelte ihn ab wie einen Schulbuben, zwang ihn sich zu entschuldigen und ließ ihn schließlich sogar schwören (!), in Zukunft pünktlich zu sein, um ihn dann mit ein paar knappen Worten wegzuschicken wie einen ungebetenen Hausierer. Devrient selbst beschreibt diese »Szene«:

»Hitler erhebt sich, beginnt mit langen Schritten auf und ab zu gehen … blickt mich vorwurfsvoll an, sagt heiser: ›Ich sitze hier und warte auf Sie, und Sie ‚hoffen‘ nur, daß Sie sich ‚nicht zu sehr‘ verspätet haben. Sie haben mich warten lassen und mir dadurch alle Lust zur Arbeit mit Ihnen genommen. Welches Recht haben Sie, mir meine Zeit zu stehlen?‹ Ich will antworten, aber da bricht es aus Hitler hervor: ›Was zwingt mich denn zu diesem Unterricht? Habe ich es nötig, damit meine Ruhepausen zu verbringen? Habe ich es denn nötig, tagaus, tagein, in immer neuen Versammlungen zu mahnen, zu beschwören? Wissen nicht längst alle Volksgenossen, daß es hierbei nicht um mich, sondern um das Vaterland geht, das viele Jahre marxistischer Mißwirtschaft in den Abgrund führten und daß dieses Unglückssystem niemals fähig sein wird, Arbeit und Brot zu schaffen? ... Von Ihnen verlange ich die gleiche Disziplin, wie ich sie von mir verlange. Für diesmal begnüge ich mich mit einem Tadel, aber Sie müssen sich entschuldigen und schwören, in Zukunft pünktlich zu sein!‹

Ich beeile mich, um Entschuldigung zu bitten und ›schwöre‹, es zu keiner Verspätung mehr kommen zu lassen. Doch Hitler will nicht mehr mit dem Unterricht beginnen. Heute sei ihm der Tag durch meine Schuld verdorben. Die erste Stunde soll morgen sein. Ich gehe.«

Technik

Wie Hitler Devrient einschüchterte, Schuldgefühle erzeugte und ihn dadurch persönlich »verpflichtete«.

1. Körpersprache

Hitler erhebt sich, geht auf und ab. Dadurch wirkt er auch körpersprachlich bedrohlich auf seinen Gesprächspartner. Das Auf- und Abgehen stellt nicht nur eine gewisse Spannung her, sondern erleichtert auch den Gedanken- und Redestrom. Alles wird unterstützt durch den »vorwurfsvollen« Blick.

2. Angriff

Dann folgt der erste Angriff — mit drei sich steigernden Vorwürfen: »Sie hoffen nur, daß Sie sich nicht zu sehr verspätet haben.« (Sie nehmen das anscheinend sehr leicht, wie?) — »Sie haben mich warten lassen und mir dadurch alle Lust zur Arbeit genommen!« (Sie sind schuld daran, meinen Arbeitseifer gestört zu haben!) — »Welches Recht haben Sie, mir meine Zeit zu stehlen?« (Sie sind ein Dieb, ein Zeitdieb!)

3. Selbstlosigkeit

Hitler motiviert Devrient, indem er seine eigene ungeheure Aufgabe, seinen eigenen ungeheuren Einsatz zur Rettung des Vaterlandes darstellt. Hitler malt ein schrecklich-dramatisches Bild, um davor die Person Devrient als ebenso klein wie seine Verspätung fast als Verrat am Vaterland darzustellen.

4. Klare Forderungen

Dann stellt Hitler klare Forderungen: Unterwerfung unter die Disziplin, Entschuldigung, Versprechung und Schwur. Mit der Forderung nach dem »Schwur« testet Hitler nicht nur die Persönlichkeitsstärke, die Willensstärke und Selbstachtung Devrients, sondern er bindet ihn durch diesen Schwur weit über die sonstigen Beziehungen zwischen »Lehrer und Schüler« an sich.

5. Schuldgefühl

Als Hitler sieht, daß er gewonnen hat (Devrient »beeilt« sich sogar, um Entschuldigung zu bitten und zu schwören), läßt er ihn abtreten, wie ein Herr seinen Diener abtreten läßt. Ohne es zu unterlassen, ihn noch einmal an seine Schuld zu erinnern. Devrient, weit davon entfernt, auf gleicher Ebene mit Hitler zu stehen, steht weit darunter, muß sich das Vertrauen seines »Herrn« erst wieder verdienen.

Praktische Anwendung

Voraussetzung

Diese Methode setzt nicht nur erhebliche Menschenkenntnis und psychologisches Fingerspitzengefühl voraus, sondern auch genau die richtigen Worte und den richtigen Tonfall. Denn das psychologisch Geschickte an dieser Methode ist die Kunst, beim andern Schuldgefühle zu wecken, ohne ihn jedoch für alle

Zukunft vor den Kopf zu stoßen und zum Feind zu machen. Wenn Sie noch einmal den Angriff Hitlers durchlesen, werden Sie merken, daß — abgesehen von den keineswegs scharfen persönlichen Angriffen — das große Kaliber im unpersönlichen Stil vorgetragen wird. Schuldgefühle erzeugen und Lenkungseinfluß zu gewinnen ohne Feindschaften und Widerspenstigkeiten einzuhandeln, ist die Kunst, die hier verlangt wird.

Überrumpelung

Wenn Sie jemand hart anfassen wollen, überrumpeln Sie ihn sofort, wenn er zur Türe hereinkommt. Die meisten Menschen leben »unbewußt«, werden durch spontane Gefühlseindrücke völlig gefangengenommen und sind keineswegs in der Lage, in jedem Augenblick kritisch zu denken.

Körpersprache

Bedrohen und schüchtern Sie den Verhandlungspartner auch durch körpersprachliche Signale ein. Wenn Sie ranghöher sind, können Sie es sich leisten, die Distanzzonen »ungestraft« zu durchbrechen, ganz nahe an ihn heranzutreten, ihn zu berühren, ihm Sprechverbot aufzuerlegen (»Schweigen Sie!«) und ihn »bewegungslos« in einen Stuhl zu komplimentieren. Außerdem erleichtert das Auf- und Abgehen den Gedanken- und Redestrom. Ein wütender Mann im Stuhl wirkt lächerlich.

Motivationszange

Erzeugen Sie Schuldgefühle, indem Sie Ihrem Verhandlungspartner zeigen, was durch seine Schuld alles verdorben worden ist, welchen Schaden er angerichtet hat, wie er angesichts dieser »Situation« nur an seinen persönlichen Vorteil gedacht hat. Hebel zwei: Zeigen Sie ihm, um welch großartige Sache es geht, was dabei zu verdienen ist, welche Chancen sich für ihn ergeben … Je dramatischer, um so besser.

Forderungen

Stellen Sie klare Forderungen und versuchen Sie, den Verhandlungspartner zu »Handlungen« zu bewegen, um dadurch sowohl Lenkungseinfluß auszuüben, als auch sein Schuldgefühl und seine Persönlichkeitsstärke zu prüfen.

Abgang

Neutralisieren Sie Ihr Vorgehen nicht zum Schluß durch ein paar versöhnliche, nette Worte, sondern geben Sie dem anderen zu verstehen, daß er sich erst wieder Ihr Vertrauen verdienen muß, daß es Ihnen ernst ist, mit dem, was Sie gesagt haben. Brechen Sie die Verhandlung für heute kurz ab.

Felix-Krull-Methode (oder Schauspielermethode)

Sie kennen ganz bestimmt jene »Verhandlungsmethode«, mit der es Felix Krull gelang, dem allgemeinen Wehrdienst zu entkommen. Sein provozierender Satz »Ich bin vollkommen diensttauglich!« war so sehr das Gegenteil von dem, was die Stabsärzte jeden Tag zu hören bekamen, daß sie nun erst recht nach seiner Dienstuntauglichkeit Ausschau hielten. Felix Krull schaffte das »untauglich«, weil er die Verantwortlichen in ihrem Berufsethos provoziert hatte (»Das entzieht sich Ihrer Beurteilung«), weil er sich ganz unerwartet verhielt und weil er — was öfters übersehen wird — die Symptome der epileptoiden Anfälle bestens kannte und vorzuspielen wußte.

Auch bei einer weiteren Verhandlung versteht es Felix Krull hervorragend, eine der wichtigsten Eigenschaften eines guten Verhandlers in mustergültiger Weise zu spielen: die Fähigkeit, eine Verhandlung fortzuspinnen — ohne dabei mehr als ein lässiges, fast nachlässiges Interesse zu zeigen. Er versteht es, hervorragend zu verhandeln, ohne sein Gesicht zu verlieren, ohne sich besonders interessant zu zeigen — selbst wenn ihm die Ware — Diebesgut! — wie Feuer in den Fingern brennt. Bei einer Grenzkontrolle hatte er eine kleine Kassette mit wertvollem Schmuck »versehentlich« miteingepackt. Bei einem Uhrmacher versuchte er nun ins Geschäft zu kommen — der Umstände halber und so »nebenbei ...«

Doch die **erste Runde** endet damit, daß der Uhrmacher-meister Krulls Angebot uninteressiert abtut. »Wenn Sie meinen, nicht recht zu hören, mein Junge, so nehmen Sie Ihren Plunder und trollen Sie sich.«

Die **zweite Runde** beginnt: Felix Krull zeigt, was er außer dem bisher gezeigten Ring noch an »Schätzen« bei sich hat; daraufhin bittet ihn der Uhrmachermeister in sein Hinterzimmer.

Beide achten nach wie vor darauf, nicht das geringste Interesse an dem Angebot des anderen zu offenbaren. Felix Krull breitet seine wunderschöne »Bescherung« auf dem Tisch aus.

»Was meinen Sie dazu?« fragte ich mit ruhigem Stolz.
Ich sah, wie er ein Glitzern seiner Augen, ein Schmatzen seiner Lippen nicht ganz verbergen konnte. Aber er gab sich den Anschein, als wartete er auf mehr, und erkundigte sich schließlich trockenen Tones: »Nun? Das ist alles?«
»Alles?« wiederholte ich. »Meister, Sie sollten nicht tun, als ob es nicht lange her wäre, daß Ihnen eine solche Kollektion zum Kaufe angeboten wurde.«
»Du möchtest sie sehr gern loswerden, deine Kollektion?«
»Überschätzen Sie nicht die Hitzigkeit meines Wunsches«, erwiderte ich. »Wenn Sie mich fragen, ob ich mich ihrer zu einem vernünftigen Preis zu entäußern wünsche, so kann ich zustimmen.«

Nachdem man sich beiderseits fast völlige Interesselosig-keit bestätigt hatte, begann man mit der genaueren Prüfung der Pretiosen und dem Preisgefeilsche.

Wieder zog man auf beiden Seiten alle Register der hohen Schauspielkunst, angefangen vom unbändigen Gelächter über scherzhafte Angebote bis zum versuchten Verhand-lungsabbruch.

Runde drei beginnt damit, daß der Uhrmachermeister Felix Krull »testen« will — mit einem Niedrigstangebot.

Sein erstes Angebot: »Fünfhundert Franken.«
»Wofür, wenn ich fragen darf?«
»Für alles zusammen.«
»Sie scherzen.«

Als der Uhrmachermeister von solchen Scherzen nicht ablassen will, versucht Felix Krull Druck auf ihn auszuüben: »... Schließlich weiß ich, daß es auch auf diesem Geschäftsgebiet Konkurrenz gibt, die ich zu finden wissen werde.«

Und als Meister Pierre immer noch nicht mit den Scherzangeboten aufhören will, droht Krull mit dem Verhandlungsabbruch. »Schweigend begann ich, das Schmuckwerk, vor allem die Brillantkette, wieder in meinen Taschen zu verstauen.«

Runde vier: Man nähert sich allmählich realistischen Vorstellungen. Während der Uhrmacher Felix Krull vorschwärmt, was er mit den bisher gebotenen 800 Franken alles kaufen könne, und ihm gleichzeitig sein Risiko unter die Nase reibt, gibt Krull zu bedenken, daß bisher von der gestohlenen Ware nichts in der Zeitung gestanden sei und nennt zum erstenmal seine Preisvorstellung — 9000 Franken. Meister Pierre reagiert wie erwartet: Großes Gelächter: »Du bist verrückt ... Hör, Junge, es ist gewiß das allererste Geschäft dieser Art, das du Grünschnabel abzuschließen versuchst?«

Nun holt Felix Krull Hebel zwei seiner Motivationszange hervor, indem er Meister Pierre auffordert, doch an die Zukunft zu denken und nicht nur an dieses eine Geschäft: »Achten Sie den frischen Anlauf einer neu auftretenden Begabung! Stoßen Sie sie nicht durch stupide Filzigkeit zurück, sondern suchen Sie sie durch eine offene Hand für Ihr Interesse zu gewinnen, denn noch manches mag

sie Ihnen zutragen ...« Danach begannen Sie ernsthaft zu
verhandeln, um jedes Stück zu ringen und zu feilschen —
ein grober Fehler, wie Krull zu spät erkannte.

Die Technik

1. Man verhandelt stufenweise.
2. Man verhandelt über das Hauptprojekt erst, wenn man von
   dem Verhandlungspartner ernsthaft akzeptiert wurde.
3. Man gibt sich zumindest am Anfang absolut uninteressiert.
4. Man versucht, durch ein lebhaftes Mimik- und Gebärden-
   spiel den Verhandlungspartner von der Lächerlichkeit seiner
   Angebote zu überzeugen.
5. Wer Einzelleistungen (Service, Reparatur ...) zu verkaufen
   hat, soll jede Leistung einzeln verkaufen; wer sie zu bezahlen hat, soll über einen Gesamtpreis verhandeln.

Lincoln-Ford-Methode (oder Verschiebungsmethode)

Die folgenden Verhandlungsmethoden, die beide vor Ge-
richt historische Berühmtheit erlangten, sollen Ihnen zeigen, wie man einen langatmigen und weitschweifigen Verhandlungspartner durch eine geschickte Strategie zum eigentlichen Kern der Sache zurückführt.

Beispiel 1

Es ging um einen Prozeß, in dem eine große Schiffsgesellschaft einer Eisenbahngesellschaft den Bau einer Brücke
verwehren wollte. Anwalt der Schiffsgesellschaft war einer der besten Juristen des Landes: Mr. Wead. Anwalt der
Eisenbahngesellschaft war der damals noch völlig unbekannte Landanwalt Abraham Lincoln. Mr. Wead sprach

zuerst, hielt ein fabelhaftes, bestechendes Plädoyer und riß die Zuhörer nach zwei Stunden zu einem begeisterten Applaus hin.

Lincoln sprach nur zwei Minuten. Er sagte: »Zuerst möchte ich dem Gegenanwalt zu einer glänzenden Rede gratulieren. Nie hörte ich ein besseres Plädoyer. Aber — meine Herren Geschworenen — Mr. Wead, der eine gute Rede hielt, mich aber weder menschlich noch sachlich überzeugte, hat leider die Hauptsache übersehen: Die Bedürfnisse der Bürger, die von Osten nach Westen reisen, sind schließlich nicht geringer als diejenigen, die den Fluß befahren. Die einzige Frage, die Sie entscheiden müssen, ist die, ob Leute, die den Fluß hinauf- und hinabreisen, mehr Rechte haben als diejenigen, die ihn überqueren wollen.« — Die Geschworenen entschieden sich für die Eisenbahn.

Versuchen wir diese Rede kurz zu *analysieren:*

1. Gegensatz. Lincoln sprach statt zwei Stunden kaum zwei Minuten. Dadurch sicherte er sich nicht nur die Aufmerksamkeit der Zuhörer, sondern entlarvte das »Zwei-Stunden-plädoyer« seines Gegners indirekt als hohles Geschwätz.

2. Sympathiegewinnung. Lincoln gratulierte seinem Gegner zu dem glänzenden Plädoyer — und indirekt damit auch den Zuhörern, die so begeistert Beifall geklatscht hatten.

3. Motivansprache. Lincoln ging nicht auf Rechtsfindigkeiten ein, sondern auf die grundlegenden Bedürfnisse der Landbewohner.

4. Verschiebetechnik. Lincoln »verschob« das Kernproblem der Entscheidung. Er ließ die Geschworenen nicht darüber abstimmen, ob die Brücke gebaut werden soll oder nicht (ja oder nein?), sondern ob Flußreisende mehr Rechte haben als Landreisende (das oder das?).

Beispiel 2

Während des Ersten Weltkrieges nannte eine Chicagoer Zeitung in einem ihrer Leitartikel Henry Ford einen »unwissenden Pazifisten«. Es kam zur Gerichtsverhandlung. Die gegnerischen Anwälte versuchten, Ford durch alle möglichen und unmöglichen Fragen als Ignoranten bloßzustellen. Unter anderem fragten sie: »Wie viele Soldaten entsandte die britische Krone 1776 nach Amerika, um den Aufstand zu unterdrücken?« Ford antwortete sarkastisch: »Die genaue Zahl ist mir unbekannt, aber ich weiß jedenfalls, daß die Zahl der Heimkehrer weitaus geringer war.« Danach versetzte er gereizt: »Wollen Sie bitte zur Kenntnis nehmen: Wenn mir wirklich etwas daran läge, die letzte und alle vorausgegangenen dummen Fragen zu beantworten, so bräuchte ich nur einen der vielen Knöpfe auf meinem Schreibtisch zu drücken, um den entsprechenden Fachmann herbeizurufen. Mir stehen genug Leute zur Verfügung ... Vielleicht haben Sie die Freundlichkeit, mir zu verraten, warum ich mein Gedächtnis mit allem möglichen unnützen Kram belasten soll, wenn ich von Experten umgeben bin, die mir Rede und Auskunft stehen.«

Technik

Lincoln wie Ford benützten die gleiche Technik.

1. Sie übernahmen nicht die Entscheidungsfrage ihrer Verhandlungspartner: Brücke ja oder nein? — Ignorant ja oder nein?

2. Sie warfen eine andere Entscheidungsfrage auf, die nicht Einzelheiten berührte, sondern Grundbedürfnisse, Grundrechte, Grundeinsichten: Gleichheitsrecht und sinnvolle Arbeitsteilung.

3. Sie verschoben den Schwerpunkt der Verhandlung durch eine geschickte Frage, indem sie aus einer »Ja-Nein-Frage« eine »Die-oder-das-Frage« machten:

Wead:	Brückenbau — ja oder nein?
Lincoln:	Haben die Flußreisenden mehr Rechte als die Landreisenden?
Chicagoer Zeitung:	Ist Ford unwissend — ja oder nein?
Ford:	Ist es sinnvoll, das eigene Gedächtnis zu belasten, oder das der Fachleute?

Praktische Anwendung

- Übernehmen Sie nicht die Entscheidungsfrage Ihres Verhandlungspartners!

- Sprechen Sie das tieferliegende allgemeine und wesentliche Problem an!

- Verschieben Sie den Schwerpunkt der Verhandlung, indem Sie zwei Entscheidungsmöglichkeiten (statt einer) vorstellen, von denen eine deutlich »logischer« ist!

Kompromiß-Methode

Diese Methode soll dem Verhandlungspartner suggerieren, daß beide Seiten einen fairen Kompromiß schließen sollten, daß beide Seiten Abstriche von ihren Zielvorstellungen machen sollten. Angenommen, Sie wollen als Geschäftsführer neu investieren und vor allem die schon etwas unrentablen und unrationellen Produktionsmaschinen durch neue moderne ersetzen. Ihr Betriebsleiter kennt jedoch die alten Maschinen sehr gut, versteht sie auch bestens zu handhaben und wehrt sich gegen jede neue Investition in seinem Maschinenpark.

Um einen »Kompromiß vorzuschlagen«, *gehen Sie in vier Schritten vor:*

1. Sie unterstreichen die Bedeutung der Partnermeinung
»Wenn ich Sie recht verstehe, sind Sie gegen jede Investition zu diesem Zeitpunkt.«

2. *Sie sprechen einem Außenstehenden eine extreme Position zu*

   »Die Techniker würden am liebsten alle Maschinen auf einen Schlag hinauswerfen und das Neueste vom Neuen kaufen.«

3. *Sie distanzieren sich nachdrücklich von dieser Extrem-Meinung*

   »Aber das ist Utopie und Unfug! Soweit will ich gar nicht gehen.«

4. *Sie schlagen einen Kompromiß in der Mitte zwischen der Buhmann-Meinung und der Partnermeinung vor*

   »Aber ich meine, wir sollten eine vernünftige Regelung finden, die allen Beteiligten entgegenkommt. Wir sollten jetzt alle Maschinen, die älter als 6 Jahre sind, ersetzen und alle, die jünger sind, weiterbehalten ... Ich glaube, das wäre ein fairer Kompromiß!«

Diese Methode läßt sich natürlich noch ausfeilen, wenn Sie an die persönlichen Gefühle appellieren. Bei einem Seminar für Verkaufsleiter sagte einmal der Betreuer, als er einige vorwurfsvolle Blicke wegen des engen Raumes aufgefangen hatte:

(1) Ja, ich sehe schon, es ist ein bißchen eng hier ...

(2) ... Aber ich glaube, es ist immer noch besser, als wenn Sie sich verloren und fröstelnd (!) in einem großen Saal verlieren würden.

(3) Deshalb bin ich froh, daß wir diesen Raum bekommen haben.

(4) ... Da entsteht doch wesentlich schneller ein intensives Arbeitsklima (Reaktion der Zuhörer: beifälliges Kopfnicken).

Übersicht über die zehn Verhandlungsmethoden

1. ### *Max-Merkel-Methode (Bilanzmethode)*

   - zuerst möglichst viele — in Zahlen bewertbare — Argumente sammeln
   - vor dem Verhandlungspartner (VP) alle Pro- und Kontraargumente in einer Art BILANZ schriftlich gegenüberstellen
   - den VP durch das Ungleichgewicht der beiden Seiten von der Stärke der eigenen und der Dürftigkeit der gegnerischen Argumente überzeugen

2. ### *Johnson-Methode (Vier-Stufen-Methode)*

   - zuerst vier verschiedene Lösungsvorschläge ausarbeiten. Kriterium sind Qualität und Durchsetzbarkeit!
   - den VP stufenweise von der schlechtesten Lösung (Stufe 4) weg bis zur besten Lösung (Stufe 1) hinaufverhandeln bzw. sich wieder auf Stufe zwei herunterhandeln lassen (allgemeiner Kompromiß!)

3. ### *Talleyrand-Methode (Kongreßmethode)*

   - zuerst gezielt nach Verhandlungswaffen (Argumenten, Prinzipien) und der geeigneten Verhandlungstaktik (Wiederholungstechnik) suchen
   - verbündete VP durch die Mobilisierung von Neid- und Angstgefühlen spalten
   - eigene Verbündete durch die Betonung gemeinsamer Interessen gewinnen

4. ### *Bel-Ami-Methode (Senfkornmethode)*

   - dem VP genau sagen, was man will: wo, wann, wie
   - ihm aber zugleich verbieten, sofort zu antworten. Er soll es sich überlegen!

   ▷

5. **Kurfürst-Maximilian-Methode (Überrumpelungsmethode)**

- zuerst genauen Zeitplan aufstellen. Stillschweigen gegenüber jedermann!

- dann die VP durch die Vorspiegelung einer plötzlichen Gefahr oder Chance unter Termin- und Handlungszwang setzen

6. **Politiker-Methode (Nachweismethode)**

- zuerst alle Forderungen und Wünsche der VP ohne Widersprechen anhören

- dann den VP nach Begründung, Berechtigung, Realisierbarkeit seiner Forderungen fragen

7. **Schuld-Methode**

- den VP sofort bei dem erstbesten »Fehler« angreifen, zur Rechenschaft ziehen

- dem VP dramatisierend aufzeigen, welch großen Schaden er angerichtet hat

- ihn zugleich auf die große Aufgabe hinweisen, der alle verpflichtet sind

8. **Felix-Krull-Methode (Schauspielermethode)**

- zuerst dem VP völlige Gleichgültigkeit gegenüber seinem Angebot zeigen

- dann durch »Schauspielereien« (Lachen, Spott, Hohn, Aufbruchssimulierung) Persönlichkeit des VP und Verhandlungsspielraum testen

- Hauptverhandlung erst beginnen, wenn sich beide VP »akzeptiert« haben

9. **Lincoln-Ford-Methode (Verschiebungsmethode)**

- Argumente und Entscheidungsfrage (ja oder nein?) des VP nicht akzeptieren

- eigene Argumentation auf die eigentliche Kernfrage verschieben

- Kernfrage in Form von zwei Kriterien (gut oder böse?) zur Entscheidung stellen

10. *Kompromiß-Methode*

- zur Meinung des VP eine extrem gegensätzliche »Meinung« konstruieren

- dann sich von diesen beiden extremen Meinungen distanzieren und einen Kompromiß (die eigene Meinung) vorschlagen

Verhandlungstips auf dem Prüfstand

Stimmen Sie folgenden Aussagen zu? — Um beim VERHAN-DELN Erfolg zu haben, ist es gut

	ja	nein
1. ein möglichst angenehmes Verhandlungsklima (Raum, Umgebung, Zeit, Ort ...) herstellen	☐	☐
2. keine langen »Mätzchen« zu machen, sondern klar zu sagen, was man möchte	☐	☐
3. weder eigene Gefühle zu zeigen, noch die Gefühle des anderen anzusprechen	☐	☐
4. einen möglichst positiven Kontakt zum Verhandlungspartner herzustellen (nicht warten lassen, freundlich sein ...)	☐	☐
5. die Verhandlungen nicht in die Länge zu ziehen, sondern möglichst rasch und zielstrebig zu verhandeln	☐	☐
6. möglichst wenig Mißverständnisse aufkommen zu lassen, von Anfang an zu sagen, was man möchte und zu welchen Bedingungen man sich einen möglichen Abschluß vorstellen kann	☐	☐
7. weder sich selbst noch den Verhandlungspartner unter Termindruck zu setzen	☐	☐
8. bei einem guten Angebot sofort zuzugreifen, um kein Risiko einzugehen	☐	☐
9. wenn man schon Konzessionen machen muß, sie schnell und freiwillig zu machen	☐	☐

	ja	nein

10. wenn man in einer Sackgasse gelandet ist, nicht
aufzuhören, sondern die Sache von allen Seiten
zu beleuchten, bis man schließlich doch einen
Ausweg findet   ☐   ☐

Wie Sie diese zehn Fragen beantwortet haben, weiß ich
nicht. Howard Hughes, gewesener Multimillionär, hätte
sie auf jeden Fall alle mit Nein beantwortet. Denn seine
Verhandlungsmethoden basierten geradezu darauf, den
anderen irgendwie unter Druck zu setzen, in Terminzwang zu bringen, ein frostiges, teilweise unerträgliches
Verhandlungsklima zu schaffen. Von diesen Verhandlungsmethoden und ihren Erfolgen soll in den folgenden
Beispielen die Rede sein.

Wie man mit »Hoffnungen« verhandelt

Wir haben die Verhandlungsmethode »Zuckerbrot und
Peitsche«, also dem Verhandlungspartner ebenso emp-
findliche Nachteile wie angenehme Vorteile zu suggerieren, schon öfters erwähnt. Das eigentliche Geheimnis dieser Methode besteht jedoch darin, daß Sie als Verhandlungspartner weder das eine noch das andere auch wirklich besitzen müssen. Sie müssen es nur glaubhaft vertreten können. Sie müssen nur imstande sein, diese Hoffnungen auf Belohnungen und Angstgefühle vor Bestra-
fungen dem anderen bewußt zu machen. Die Welt wird
nicht regiert durch die Tatsachen, sondern durch die Vorstellungen von den Tatsachen. Wie man damit verhandelt,
zeigt das folgende Beispiel.

Noah Dietrich — Generalbevollmächtigter Howard
Hughes' — erhielt eines Tages von Hughes den Auftrag,
das Honorar eines Rechtsanwalts von 50000 auf 25000

Dollar herunterzuhandeln. Dietrich beschreibt sein Vorgehen selbst:

Ich rief den Rechtsanwalt an und probierte eine List aus. »Wissen Sie, Howard war von Ihrer Arbeit an diesem Fall sehr beeindruckt«, erzählte ich ihm. »In den kommenden Monaten und Jahren, die vor uns liegen, wird eine ganze Menge juristischer Arbeit auf uns zukommen. Ich glaube, Sie könnten einen großen Teil davon übernehmen, wenn Sie jetzt Ihre Chance wahrnehmen.«
»Wirklich?« fragte der Rechtsanwalt, »könnten Sie mir da irgendeinen Hinweis geben?«
»Na ja, ich könnte mir denken, Ihr Honorar von fünfzigtausend Dollar schreckt ihn ein wenig ab.«
»Vielleicht haben Sie recht. Wie wäre es, wenn ich es auf zwölftausendfünfhundert reduziere?«
»Sagen wir fünfzehntausend«, sagte ich.

Ob der Anwalt zu seinen Aufträgen kam? — Dietrichs persönlicher Kommentar zu dieser Verhandlungsmethode: »Es war ein schmutziger Trick, einem Rechtsanwalt Hoffnungen auf die Vertretung des Howard-Hughes-Imperiums zu machen, nur damit Howard ein korrektes Honorar kürzen konnte.«

Dieses Beispiel zeigt aber auch, wie sich dieser Anwalt — fasziniert von einer vagen Andeutung — sofort dazu herbeiließ, sein Honorar um fast dreiviertel des Betrags zu kürzen.

Regel

Es kommt nicht darauf an, ob wir unseren Verhandlungspartner wirklich belohnen oder bedrohen können, sondern einzig, ob wir diese Belohnungen und Bedrohungen glaubwürdig suggerieren können. Manche durchschauen dieses Spiel nie und zahlen mit lebenslänglicher Abhängigkeit. Andere lassen sich nicht einen Augenblick auf dieses »Spiel« ein.

Wie man mit Hilfe der Zeit eine Rechnung um 60 000 Dollar kürzt

Howard Hughes — leidenschaftlicher Flieger — hatte sich eine Boeing P-4 gekauft, die natürlich seinen außergewöhnlichen Ansprüchen noch bei weitem nicht genügte. Er ließ den »Vogel« bei der Douglas Aircraft total umbauen. Kosten: 150 000 Dollar. Hughes lehnte die Bezahlung sofort ab. »Douglas versucht mich übers Ohr zu hauen«, war sein Kommentar, obwohl sein Generalbevollmächtigter die Rechnung überprüft und für ordnungsgemäß befunden hatte. Man verhandelte und verhandelte ... über sechs Monate hinweg — bis es Douglas schließlich zuviel wurde. Er gab auf. »Dietrich, gehen Sie mit dieser Rechnung zu Mr. Hughes und bestellen Sie ihm, er könne seinen Scheck über jede Summe ausstellen, die er wolle. Meinetwegen fünf Dollar, fünftausend Dollar oder irgendeinen Betrag — ich zeichne ihn ab. Und bestellen Sie ihm, ich hätte nicht die Absicht, jemals wieder ein Geschäft mit ihm zu machen.«

Das Ergebnis: Hughes stellte einen Scheck über 15 000 Dollar aus. Douglas akzeptierte ihn — und machte trotz allem weiterhin Geschäfte mit Howard Hughes.

Hughes hatte gewonnen, weil es ihn mit der Bezahlung nicht drängte, weil er zum Neinsagen auch seinen Bevollmächtigten schicken konnte, Douglas aber stets persönlich anwesend sein mußte. Auf die Dauer konnte sich Douglas diesen Zeitverlust nicht leisten (eher den Geldverlust), und darauf spekulierte Hughes.

Regel

Zeit ist Geld. Je wertvoller die Zeit Ihres Verhandlungspartners ist, um so schneller gerät er in Zugzwang. Zu wissen, wann der andere das Verhandlungsergebnis unbedingt braucht, ist (fast) der halbe Verhandlungserfolg.

Wie man durch ein nervenaufreibendes Verhandlungsklima der Alleinbesitzer einer Firma wird

Als Howard Hughes als 18jähriger »Junge« seine Karriere begann, hatte ihm sein Vater 75% der Hughes Tool Company hinterlassen. Die restlichen 25% gehörten Verwandten. Doch Howard Hughes wollte Alleinbesitzer werden. Dietrich berichtet: »Er bedrängte seine Verwandten solange, bis sie ihm ihren Viertelanteil verkauften. Sie wollten zwar nicht, doch Howard hatte den längeren Atem. Er machte sich unbeliebt dabei, und einmal packte ihn sein Onkel Rupert am Kragen und Hosenboden und warf ihn zur Tür hinaus. Doch Howard kam zurück. — Schließlich stimmten seine Verwandten zu, nur um ihn loszuwerden.«

Regel 1

Keine Verhandlungsmethode ist auf die Dauer so wirksam wie die stereotype, sture Wiederholung der eigenen Ansichten und Forderungen. Bis sie dem Verhandlungspartner auf die Nerven geht — und er unterschreibt.

Regel 2

Natürlich sollen Sie ein »günstiges« Verhandlungsklima schaffen. Aber das günstige Verhandlungsklima muß keineswegs immer ein freundliches sein — günstig eben für das eigene Verhandlungsziel.

Wie man zuerst das Vertrauen und dann die Brieftasche des Verhandlungspartners gewinnt

»Nobody is perfect.« Dieser Satz gilt im allgemeinen und ganz im besonderen für den nächsten Fall und die Rolle, die Howard Hughes darin spielte. Der Trick, auf den (diesmal) Hughes hereinfiel, ist ebenso primitiv wie wirksam. Es ist die Methode, zuerst Vertrauen zu gewinnen und dann abzukassieren. Aber gute Männer lernen — wie einer der bekanntesten amerikanischen Filmproduzenten Robert Evans sagte — nicht aus ihren Erfolgen, sondern aus ihren Niederlagen. Hier ist die Geschichte.

Mit der Empfehlung einiger Freunde war eines Tages ein Mann in Hughes Büro gekommen und hatte ihm einen Scheck über 20 000 Dollar überreicht. Dazu erzählte der Mann:

»Wir haben ein fantastisches Syndikat ... Wir haben sagenhafte Gewinne mit Aktien gemacht. Nun dachten die Boys und ich, daß Howard Hughes hier eigentlich mit von der Partie sein müßte. Aber wir wußten ja, daß Sie ein gewitzter Bursche sind. Deshalb suchten wir nach einem Weg, um Ihnen zu zeigen, welch prima Sache wir da haben. So beteiligten wir Sie an unserer letzten Aktion, ohne Ihnen etwas davon zu sagen. Hier ist Ihr Anteil am Gewinn — zwanzigtausend Dollar.«

Obwohl sein Generalbevollmächtigter Dietrich ihn sofort auf diesen Ganoventrick aufmerksam machte, wollte Hughes von diesen Warnungen nichts wissen und stürzte sich kopfüber in dieses Abenteuer. Die Rechnung ließ nicht lange auf sich warten. Man verkaufte ihm General-Motors-Aktien, die man früher billig eingekauft hatte, zum Höchstpreis von 300 Dollar. Als der Börsenkrach kam, sanken sie auf acht Dollar, und Howard Hughes verlor eine Menge Geld.

Die zweite Variante

Diesen Trick — zuerst das Vertrauen, dann die Brieftasche zu gewinnen — verwendete auch der »Ungarn-Kreis« mit dem »Gauner des Jahrhunderts« (stern), als er nicht nur reiche Geschäftsleute um Hunderttausende

prellte, sondern auch seriöse Banken um Millionen be-
gaunerte.

Auch hier ging man in derselben Weise vor: Bandenchef
Henry Orlander, das Gehirn dieser »raffiniertesten Fälscherbande der Welt«, fuhr stets standesgemäß im Rolls
Royce und Nadelstreifen-Zweireiher vor. Als Direktor
der panamesischen International Trust Company eröffne-
te er bei einer Londoner Großbank vier Konten, zahlte
100 000 Dollar ein und kaufte einige Kreditbriefe.

Einige Tage später wurde es auf den Konten lebendig.
Aus Rom liefen 250 000 Mark ein, aus New York schickte die Panamesische Firma 400 000 Mark, aus Beirut
150 000 Mark. Mit Wohlwollen sahen die »Banker« dem
regen Treiben zu.

Inzwischen hatten Helfer nach den Original-Kreditbrie-
fen ungemein echt wirkende Kopien gefälscht. Jetzt trat
die »Auslandabteilung« der Fälscherbande an: Seriös wirkende Herren tauchten im Nahen Osten bei verschiedenen Banken auf und lösten die echten Kreditbriefe gegen
Bargeld ein. Jedesmal, wenn die Kassiere in London
nachfragten, bekamen sie die Antwort: In Ordnung.
Schnell gewannen Orlanders Leute das Vertrauen der
Bankiers.

Ihre Stunde schlug, als die Bankiers durch einige saubere
Geschäfte eingelullt waren. So im Frühjahr 1976. Bei
sechs Nahostbanken schlugen Orlanders Männer gleichzeitig zu. Jetzt legten sie gefälschte Kreditbriefe im Wert
von 2,5 Millionen Dollar vor und baten um sofortige
Auszahlung. Der Trick war, daß sie an einem Samstag
auftraten. An diesem Tag sind die Banken im Nahen
Osten offen, in London aber nicht. Die Bankiers hätten
also frühestens am Montag in der Hauptstadt anfragen
können. Die Schwindler verlangten ihr Geld aber gleich.
Und da die Kassierer sie als anständige Kunden kannten,
zahlten sie aus.

Die dritte Variante

Einen besonders delikaten Verhandlungspartner suchte sich ein Wiener Mitarbeiter dieser Gruppe aus. Sein Name: Leopold Ledl, von Beruf Fleischhauergeselle. Aber weil man halt in dieser Welt mit einer solchen Berufsangabe kaum Ehre einlegen kann, schon gar nicht, wenn man mit dem Vatikan Geschäfte machen will, polierte Ledl sein Image etwas auf, nannte sich folglich Dr. Ledl, diente sich dem König von Burundi als Finanzberater an, erwarb ein kleines, aber feines Schlößchen bei Wien und befleißigte sich in Zukunft damit, lieber Menschen als Schweine und Ochsen auszunehmen. Ausgenommen werden sollte auch — der Vatikan. Der höchste Berater des Papstes, Kardinal Tisserant, empfing Ledl sechsmal und zeigte sich sehr interessiert, mit Aktien von IBM oder Coca-Cola, das Geld der Kirche vor der Inflation zu retten. Ledls Sonderangebot: Für die Kirche sollten die Papiere nur 66 % ihres Nennwertes kosten. Bei diesem Preis sagte der Kardinal zu, 990 Millionen Dollar (!) flüssig zu machen. Der günstige Preis war — angeblich — durch relativ geringe Beschaffungskosten möglich. In Wirklichkeit sollten die Aktien als Fälschungen angedient werden.

Doch dann — war es ein Einfall des heiligen Geistes oder des gesunden Menschenverstandes — nahm ein deutscher Jesuitenpater den »Poldi« (Dr. Leopold Ledl) unter die Lupe. In diesem Fachgespräch über die Feinheiten der Hochfinanz kam der Fleischer ins Schleudern, und der gewiefte Pater roch den Braten. — Ledl wanderte in den Bau.

Die vierte Variante

Diese Geschichte ist mir selbst passiert. Bekannte waren im Begriff, ihre Firma zu verkaufen. Verkaufswert mehrere Millionen Mark. Hofiertester Kaufinteressent war ein Münchner Makler, der auf großem Fuß lebte, über

»unwahrscheinliche« Beziehungen verfügte und einen äußerst vertrauenswürdigen Eindruck machte. Zumindest nach den Angaben der Leute. Ich selbst habe den Herrn nie gesehen. Vielleicht blieb ich deshalb von seinem »Eindruck« unberührt. — Eines Tages klingelte das Telefon. Am Apparat war der Makler persönlich und bot mir ein Grundstück am Stadtrand Münchens zu einem fabelhaft günstigen Preis von 50 Mark pro Quadratmeter an. Eine einmalige Gelegenheit? — Hätten Sie zugegriffen?

Folgendes machte mich stutzig:

1. Warum ruft ein renommierter Makler, der ansonsten mit »Millionenprojekten« handelt, mich persönlich wegen eines 25 000-Mark-Grundstückes an?

2. Warum sagt mir dieser Makler — selbst auf meine direkte Frage — nicht, wo dieses Grundstück genau liegt, bietet sich aber an, es mit mir gemeinsam zu besichtigen?

Ich machte das Grundstück trotzdem ausfindig, sah eine riesengroße Wiese, die nur Parzelle für Parzelle verkauft werden würde und die im Abstand von zwei Kilometern den Flughafen vor sich hatte. Einen vorbeifahrenden Bauern fragte ich, wann denn hier gebaut werde. Seine Antwort: »In den nächsten zehn Jahren ganz bestimmt nicht, oder glauben Sie, daß wir Bauern sonst unsere Grundstücke hergeben würden?« — »Was der Quadratmeter heut kostet?« — »Als Ackerland fünf Mark, als Privatland zwanzig Mark.« Und für 50 Mark sollte ich die einmalige Gelegenheit wahrnehmen! Spätestens in zwei Jahren sollte der erste Spatenstich getan werden. — Doch noch immer weht der Wind über diese Wiese, schaukeln Glockenblumen im satten Grün.

Praktische Erkenntnisse

Alle gerissenen Verhandlungspartner, die überaus hohe Gewinne und einmalige Chancen anbieten, versuchen immer wieder nur eins: das Gefühl anzusprechen und den Verstand (das kritische Mißtrauen) auszuschalten. Die Köder, die sie dabei verwenden, sind:

- ein seriöses Auftreten mit allen Attributen des Erfolgs, des Reichtums, des Expertentums und der Beziehungen
- die Wiederholung einiger vertrauenerweckender, sauberer Geschäfte
- die Präsentation eines einmaligen, exklusiven, aber leider nur sehr kurzfristig möglichen Angebots (der großen Nachfrage wegen!)

In allen drei Fällen versuchen sie, »Eindruck« zu machen, d. h. bei den Verhandlungspartnern Gefühle der Achtung, Bewunderung, Ehrfurcht und Besitzgier zu mobilisieren: erstens, um damit das kritische Denken zu blockieren (»Was das Herz begehrt, rechtfertigt der Verstand«); zweitens, um jene Hemmungen zu verstärken, die es dem Verhandlungspartner »verbieten«, unangenehme Fragen zu stellen. — Dagegen gibt es nur ein Mittel: sich diese Absichten bewußt zu machen und sich selbst immer wieder die Frage »Warum?« zu stellen. »Warum macht er ausgerechnet mir ein so günstiges Angebot?«

Wie man durch Panik den Preis in die Höhe treibt

Howard Hughes gebrauchte die Zeit als Verhandlungsfaktor ebenso virtuos wie Paganini seine Stradivari. Hughes hatte vor allem erkannt, daß »Zeit« und »Zeit« noch lange nicht dasselbe sind. Verhandlungen plätschern lange Zeit oft dahin. Beide Parteien verhandeln mit »Pokerface«. Aber die letzten zwei, drei Tage solcher monatelangen Verhandlungen können — wenn dem andern dann das Wasser bis zum Halse steht — den Preis um fast das 30fache hinauftreiben. Wie, soll die folgende Geschichte zeigen:

Los Angeles wollte einst das Gebiet um Play Del Rey zu einem Bootshafen für Segelfreunde umbauen. Zu diesem Zweck brauchte man einige Morgen Land, die Howard Hughes einst für die Hughes Aircraft erworben hatte. Hughes war dagegen. Zwei Jahre lang vereitelte er (mit allen Mitteln) jeden Versuch der Stadtväter, zu einem Kaufabschluß zu kommen. Schließlich klagten sie auf Zwangsenteignung. Doch Hughes weigerte sich weiterhin.

Da begingen die Stadtväter einen unverzeihlichen Fehler. Sie hatten sich selbst eine Terminfalle gestellt. Die Baggerarbeiten mußten schleunigst beginnen. Verzweifelt fragten sie, ob sie nicht wenigstens eineinhalb Morgen Küstenstreifen bekommen könnten — und zwar sofort! Sie boten die fantastische Summe von 54 000 Dollar dafür. Dietrich machte keineswegs einen Freudenschrei, sondern erhöhte die Forderung — eingedenk der Regel, daß man ein gutes (freiwilliges) Angebot nie sofort akzeptieren darf — auf 84 000 Dollar. 84 000 Dollar für ein Land, das Hughes einst 3000 Dollar gekostet hatte. Fürwahr ein stolzer Lohn für ein bißchen Hartnäckigkeit und Zeitvertreib.

Regeln

1. Versuchen Sie sich selbst von jedem Terminzwang frei zu halten. Geben Sie nie Ihrem Verhandlungspartner Aufschluß über Ihren Zeitplan.

2. Zeigen Sie auch offen, daß Sie nicht unter Terminzwang stehen.

3. Versuchen Sie die Terminvorstellungen des Verhandlungspartners herauszubekommen, zumindest, wieviel Zeit Ihr Verhandlungspartner dafür investieren kann.

4. Akzeptieren Sie nie sofort ein gutes (freiwilliges) Angebot. Dahinter könnte eine Goldader stecken.

5. Werten Sie alles, was man von Ihnen will, als das Kostbarste der Welt, von dem Sie sich nur sehr schwer trennen können.

Wie man unmoralisch verhandelt

In Abwandlung eines bekannten Sprichworts könnte man sagen: »Sage mir, welche Verhandlungsmethoden du gebrauchst, und ich sage dir, wer du bist.« — Nichts läßt schneller auf den wahren Charakter schließen als das Verhalten eines Verhandlungspartners in wichtigen und schwierigen Verhandlungssituationen. Ein solches »Charakterbild« soll auch das nächste Beispiel kurz aufzeigen:

Die Schwester der nervtötenden Verhandlungsdauer ist die Methode, jemanden warten zu lassen. Auch hier war Hughes ein »Meister« mit fast brutaler Grobheit.

Hughes hatte Ralph Damon, Präsident der American Airlines nach Kalifornien gebeten — mit der Aussicht, Präsident der TWA-Gesellschaft zu werden. Damon kam und wartete ... nicht eine Stunde oder einen Tag, sondern geschlagene vier Tage! Wütend reiste er am fünften Tag ab — ohne Hughes gesehen zu haben. Einige Jahre später traf Dietrich wieder einen völlig aufgelösten Damon. »Er hat es schon wieder getan!« schimpfte Damon. »Er hat es mir schon wieder angetan!«

Diesmal hatte Hughes Damon zu einem Treffen in ein Houstoner Hotel gebeten. Als Damon ankam und nach Mr. Hughes fragte, mußte er erfahren, daß kein Hughes auf der Meldeliste stand. Hughes hatte sich unter dem Namen Harrison eingetragen und es nicht der Mühe Wert befunden, Damon davon zu benachrichten. Wieder kam es zu keiner Verhandlung. Die weitere Entwicklung: Ergebnis 1: Fünf Jahre später waren die Wunden »vergessen«. Damon wurde TWA-Präsident. Ergebnis 2: Damon hielt es sieben Jahre als Präsident der TWA aus. Doch die Arbeit mit Hughes forderte ihren Tribut. Einmal, so berichtete Dietrich, »sah ich ihn über eine Einmischung Howards so wütend werden, daß er weinend zusammenbrach«. Am Ende war er ein kranker und verbitterter Mann. Schließlich fiel er einer Herzattacke zum Opfer.

In seinem Werk »Menschliches, Allzumenschliches« schreibt Nietzsche: »Ein sicheres Mittel, die Leute aufzubringen und ihnen böse Gedanken in den Kopf zu setzen, ist: sie lange warten zu lassen. Dies macht unmoralisch.«

Regel

Wer Sie warten läßt, achtet Sie nicht als gleichrangigen Verhandlungspartner und wird sich jederzeit auch noch andere Methoden erlauben.

III Verhandlungspraktiken in der Praxis

Folgende Verhandlungstaktiken werden immer wieder in der Praxis mit großem Erfolg angewandt. Sie erfordern nur eine geringe Vorbereitung und sind leicht anwendbar.

Umweg-Methode – oder Wie man den Verhandlungspartner zum Handeln zwingt

Der praktische Fall: Ein Verkaufstrainer hat in einer Firma einen Verkäuferkurs abgehalten und möchte gern auch im zweiten Halbjahr mit dieser Firma zusammenarbeiten. Die Firma hat ihm aber noch kein Angebot gemacht. Bei der Schlußbesprechung (Manöverkritik) sagt er: »Welche Themen haben Sie denn für das zweite Halbjahr vorgesehen? … Noch keine? … Dann reserviere ich Ihnen mal auf jeden Fall die 42. und 43. Woche … Haben Sie sich das notiert?«

Ebenso gut läßt sich diese Methode auch bei schriftlichen Besuchsvoranmeldungen gebrauchen. Sie schreiben Ihrem Verhandlungspartner:

»Ich würde gern folgende Punkte … mit Ihnen klären. Paßt es Ihnen am 23. September, nachmittags um 14 Uhr? Sollte ich von Ihnen keinen anderen Bescheid bekommen, werde ich Sie um diese Zeit in Ihrem Büro besuchen …«

Regel

Man zwingt den anderen aktiv zu werden, zu reagieren.

WIR-Methode – oder Wie man Eindruck macht

Ein Annoncen-Vertreter einer der größten deutschen Wirtschaftsmagazine beherrschte dieses Verfahren meisterhaft. Man hatte den Eindruck, als verbringe dieser Mann die meiste Zeit in der Chefetage seines Betriebes und die vorliegende Aufgabe sei reine Nebensache. Seine Technik: Er kommentierte alle Vorgänge in seinem Haus und seiner Branche im Wir-Stil, auch Vorstandsentscheidungen.

»Zuerst war der Meier bei uns Chefredakteur ... Dann gab es eine Fusion, und er wollte weg ... Wir wollten ihn gerne halten, schließlich mußten wir uns doch nach einem neuen Chefredakteur umsehen und haben jetzt einen ausgezeichneten Mann gefunden ... Seitdem läuft es bei uns wieder hervorragend ... Ich war damals öfters in ... und habe auch mit unserem Verleger gesprochen ... Ich glaube, wir sind jetzt wieder auf dem richtigen Weg ...«

Regel

Um das eigene Image aufzupolieren, werden alle wichtigen Vorgänge und Ereignisse im Wir-Stil erzählt, so als ob man sie persönlich erlebt hätte. Das verleiht nicht nur ein besseres Image, sondern verstärkt auch den Eindruck der Identität mit der eigenen Firma — in den Augen des Verhandlungspartners.

Lenkungs-Methode – oder Wie man über den Verhandlungspartner unbewußt Lenkungseinfluß gewinnt

Fall eins: Sie besprechen mit einem Mitarbeiter einen Betriebsunfall, der sich in Ihrem Werk I ereignet hat, diskutieren mit ihm, bilden sich (stillschweigend) Ihre Meinung. Plötzlich sagen Sie zu ihm: »Okay ... nehmen Sie mal ein Blatt Papier und einen Bleistift zur Hand und schreiben Sie: 1) ... 2) ... 3).«

Fall zwei: Sie besprechen mit einem Kunden die Qualität eines neu entwickelten Gummischlauches. Plötzlich geben Sie ihm ein 50 cm langes Modellstück in die Hand und sagen zu ihm:

»Überzeugen Sie sich selbst ... Ziehen Sie den Schlauch so stark auseinander wie Sie können ... Machen Sie einen Knoten ...«

Regel

Man »diskutiert« mit dem Verhandlungspartner und »diktiert« diesem — ohne ihn vorher über die eigene Entscheidung konsultiert zu haben — das Ergebnis des eigenen Nachdenkens — oder fordert ihn zu bestimmten Handlungen auf.

Dritte-Mann-Methode – oder Wie man unangenehme Entscheidungen abwälzt

Man bringt dem Verhandlungspartner sein volles Einverständnis entgegen, akzeptiert seine Vorschläge, hält sie für gut und berechtigt ... und will sie auch mit allem Nachdruck unterstützen. Aber leider gibt es da einen (bösen) dritten Mann (Vorgesetzter, Vorstand, Aufsichtsrat), der unser Verhandlungsergebnis glatt ignorieren würde, der uns beiden bestimmt Unannehmlichkeiten bereiten würde ... der aber vielleicht zu folgendem ... seine Zustimmung geben könnte.

Regel

Die eigentliche Verantwortung wird auf einen »höheren« Mann geschoben und der Verhandlungspartner in seinem eigenen Interesse aufgefordert, »realistische« Forderungen zu stellen.

Haltungs-Methode – oder Wie man durch Sturheit glaubwürdig wird

William James, einer der bekanntesten amerikanischen Psychologen, sagte einmal: »Handle mutig und du wirst mutig werden.« Übersetzen wir diesen Leitsatz auf die Verhandlungspraxis, werden wir verstehen, warum die Haltung, die John Rockefeller einmal bei einer für ihn sehr unangenehmen Gerichtsverhandlung einnahm, für ihn die einzig »erfolgreiche« Methode war. Rockefeller leugnete alle Vorwürfe mit ebenso großer Sturheit wie Hartnäckigkeit. Man warf ihm vor, seinen Gegnern durch Fracht- und Transportmonopole alle Wettbewerbschancen genommen zu haben:

»Er schlug die langen Beine übereinander, strich mit nervösen Händen Knitterfalten aus seinen gestreiften Hosen und sagte mit der Miene eines Heiligen, daß bestimmte Dinge sich so und so verhielten, ganz genau wissend, daß sie anders lagen. ›Nein, Sir‹, erwiderte er einmal während einer Anhörung durch den Senat des Bundesstaates New York im Jahre 1888 auf eine Frage, ›nein, wir haben keine besseren (Eisenbahn-)Frachten gehabt als unsere Nachbarn, aber wenn ich das sagen darf, wir haben es wiederholt erlebt, daß andere Firmen sich niedrigere Raten verschafft haben als wir.‹«

Rockefeller benützte hier (instinktiv?) eine Methode, die die »Massenpsychologen« schon längst in ihrer Wirkungsweise erforscht haben: Wenn eine Wahrnehmung trotz anscheinend objektiver Unrichtigkeit mit Sturheit und völliger Selbstverständlichkeit immer wieder wiederholt wird, dann hält das Volk eine Wiederholung dieser »Lüge« nicht für eine Lüge, sondern für Beständigkeit, Beharrlichkeit … schließlich für die Wahrheit!

Regel

Wichtig ist es, diese »aufreizenden« Wiederholungen im selbst-
verständlichsten Tonfall zu sagen — ohne in irgendeiner Weise
die Stimme zu erheben oder zu verstärken.

Appellations-Methode – oder
Wie man durch einen Appell an die
»Größe« des Verhandlungspartners
Zugeständnisse erreicht

Oscar Wilde sagte einmal: »Schützt mich vor meinen
Freunden, mit meinen Feinden werde ich selber fertig.« —
Darin steckt die Erkenntnis: Gegenüber den Anforderungen von Freunden, die unter dem Deckmantel der
Freundschaft »fordern«, ist man oft wesentlich wehrloser
als gegenüber unverschämten Forderungen schlimmer
Feinde. Wer kann schon wirklich widerstehen, wenn man
ihn »bittet«, wenn man an seine Großmut, seine Großher-
zigkeit, sein Verständnis appelliert.

Ich verhandle oft mit Referenten, die in der freien Wirtschaft hohe Honorare fordern und erhalten; Honorare,
die wir als Veranstalter von Weiterbildungskursen nicht
zahlen können. Würde ich nun die »Leistungsgerechtig-
keit« dieses Honorars anzweifeln, hätte ich zu dem rein
sachlichen Problem (Honorarhöhe) gleich noch ein zweites geschaffen — ein persönliches Problem (Angriff auf
sein Selbstbild). Die Verhandlung würde sich zum gordi-
schen Knoten verwickeln.

Wenn ich ihm aber sage, daß ich sein Honorar für die
freie Wirtschaft als angemessen ansehe, daß unser Honorar für ihn nur ein »Butterbrot« sein könne, daß er aber
damit auch den kleineren und mittleren Betrieben die
Chance zur Weiterbildung gebe, hat noch kaum ein Refe-

rent sich nicht bereit gezeigt, wenigstens ab und zu für uns ein Seminar zu halten — zu unseren Konditionen.

Regel

Kaum jemand kann diesem Appell an seine Selbstbestätigung, an seine edlen und gerechten Motive widerstehen, solange die Anforderungen irgendwie noch vertretbar sind. Auch einer ganz formellen Bitte können nur die wenigsten widerstehen.

IV Verhandlungspsychologie in der Praxis

Die lautlosen Verhandlungsargumente

Wie überzeugt man jemanden? — Natürlich durch gute Argumente, werden Sie sagen. Richtig! Aber ich glaube, wir wissen mittlerweile, daß es nicht auf die logischen, sondern vor allem auf die psycho-logischen Argumente ankommt. Und wir wissen ferner, daß Leonardo da Vinci bereits vor 400 Jahren sagte: »Der Mensch ist ein Augentier.« — Das heißt: Er begreift, erkennt und wird »beeindruckt« vor allem durch das, was er sieht, durch die Augen, durch die Sinne, nicht durch den Verstand. Dieser »Sinnestäuschung« verdanken wir die ruhmreichen Bauten der Vergangenheit. Denn jeder Herrscher, der »in den Augen« seiner Zeitgenossen und Nachfahren als »groß« gelten wollte, baute auch »groß«. Die Pyramiden der ägyptischen Pharaonen unterscheiden sich in dieser Form von Geschichtsmanipulation nicht um ein Jota von dem Prunkbau Versailles und seinen vielen verzweifelten Nachahmungsversuchen.

Selbst Richelieu, einer der mächtigsten, willensstärksten und genialsten Menschen seiner Zeit, wußte, daß der Beweis der Größe viel schneller, leichter und einfacher erbracht wird durch »sichtbare« Größe. »Macht muß sichtbar in Erscheinung treten«, pflegte er zu sagen. Denn wie sollten Fremde die Größe und Macht eines Fürsten einschätzen können, wenn nicht an der Pracht der Möbel, dem Luxus der Schlösser — also am äußeren Schein? An Madame Bouges schrieb er am 6. Juni 1610: »Da ich etwas ehrgeizig bin, möchte ich einmal über mehr Mittel verfügen, um wirkungsvoller auftreten zu können ... Immerhin, wenn ich einmal über schöne, silberne Teller verfüge, wird sich meine Stellung dadurch heben.« — Richelieus Stellung und Selbstbewußtsein abhängig von silbernen Tellern? Ein Witz? — Nein, dahinter stecken ganz handfeste Überlegungen:

● Wer seine Macht sichtbar zeigen kann, braucht sie in den meisten Fällen nicht anzuwenden.

● Wer seine Macht sichtbar einsetzen kann, braucht viele Verhandlungspunkte nicht zu erörtern, die man sonst sehr genau nehmen würde.

Die sichtbare Demonstration von Macht vor und während einer Verhandlung dient auch dem Bemühen, dem Verhandlungspartner zu signalisieren, wie man sich selbst bzw. ihn einschätzt: Akzeptiert man sich auf gleicher Ebene, hält man sich für ranghöher oder rangniedriger.

Seit altersher war es das Ziel der Verhandlungspartner, schon bei den äußeren Umständen jeder Verhandlung sich »beeindruckend« in Szene zu setzen. Mit allen Macht- und Statussymbolen versucht man sein Gegenüber irgendwie einzuschüchtern, um von diesem ersten Bonus der Anerkennung bei den folgenden Verhandlungen freiwillige (und billige) Zugeständnisse zu erhalten.

Wie in der Tierwelt dient diese bewußte Zurschaustellung der Macht einzig und allein dazu, den Gegner von einem Kampf (um das Revier etc.) abzuhalten und zu einem freiwilligen Verzicht zu bewegen. Je deutlicher die Macht und Kraft dem anderen zu Bewußtsein gebracht wird, um so weniger muß sie auch wirklich angewendet werden.

Als Elvis Presley zum erstenmal zum Dienst in der Kaserne antrat und sein Gewehr vorzeigte, erstarrte der Feldwebel — vor dem Diamanten, den Elvis am Finger trug. »Mit einem Millionär will ich mich nicht anlegen«, gestand der Feldwebel und Elvis hatte künftig einen »Diamanten« bei ihm im Brett.

Auch ein so selbstbewußter Mann wie der amerikanische Präsident Jimmy Carter verzichtete nicht auf solche »Nebensächlichkeiten«. Vor mir liegt ein Bild vom ersten Treffen Präsident Carters mit dem russischen Botschafter Dobrynin. Sie sitzen in sehr verschiedenen Sesseln. Von Carter weiß man, daß er nicht der größte ist, also sitzt er in einem Sessel mit kerzengerader Lehne. Dobrynin, der »Größere«, wurde in einen Sessel komplimentiert, der schon mehr einer Liege gleicht, so flach ist die Lehne. Das Ergebnis: Durch diese verschiedenen Sessel konnte Carter, obwohl der Kleinere, auf seinen Verhandlungspartner »herabschauen«.

Wie ausgeprägt der Wunsch ist, dem Verhandlungspartner überlegen, zumindest aber ebenbürtig zu sein, demonstrierten die Nordvietnamesen bei der Vietnam-Konferenz in Paris. Als die beiden Delegationen — die amerikanische und die vietnamesische — das erste Mal am Verhandlungstisch zusammentrafen, stellten die Vietnamesen bestürzt fest, daß sie von den Amerikanern um Haupteslänge überragt wurden. Ein Schreiner löste das Problem. Als die Amerikaner nach dem Mittagessen wieder ihre Plätze einnahmen, waren ihnen die Vietnamesen ebenbürtig. Sie hatten in der Zwischenzeit die Stuhlbeine der amerikanischen Stühle absägen lassen.

Schwierigkeiten hatte man seinerzeit auch auf dem Wiener Kongreß mit der Ebenbürtigkeit der Verhandlungspartner. Als es Talleyrand geschafft hatte, als fünfte Großmacht anerkannt zu werden, tauchte ein neues Problem auf: Es gab in dem Konferenzzimmer nur vier Türen. Welche Delegation sollte als zweite einmarschieren? — Keine. Man brach eine fünfte Türe in den Raum.

Damit Sie aber nicht glauben, daß solche »Spielereien« um die Macht und die Ebenbürtigkeit von Verhandlungspartnern nur in der hohen Diplomatie zu Hause sind, bringe ich Ihnen hier zwei Beispiele aus dem Alltag.

Ein Kollege von mir besuchte eines Tages eine kleine Firma im bayerischen Wald. Die Verhandlung wurde im Zimmer des Chefs geführt. Mit einer einladenden Handbewegung forderte dieser meinen Kollegen auf, Platz zu nehmen. Doch der einzige freie Stuhl, der im Raum war, stand ungefähr vier Meter vom Schreibtisch entfernt — direkt an der Wand. Als mein Kollege ihn näherrücken wollte, bemerkte er zu seiner Verwunderung, daß das nicht ging. Der Stuhl war fest an die Wand genagelt! Es bestand keine Möglichkeit, dem Mann »näherzukommen«. Was die Könige nur durch ein ausgeklügeltes Zeremoniell geschafft hatten, nämlich Abstand zu wahren, hatte dieser Mann mit ein paar Nägeln geschafft!

Beispiel zwei: Von einem etwa 1,90 m großen, sehr stattlich aussehenden Verkaufsdirektor weiß ich, daß er im Gespräch mit kleineren Kunden so schnell wie möglich versucht, sich hinzusetzen, um durch seine natürliche »Größe« und sein »Herabschauen« keine Neid- und Antipathiegefühle beim Kunden aufkommen zu lassen — um ihn als ebenbürtig erscheinen zu lassen.

Regel

Versuchen Sie alles, um Ihrem Verhandlungspartner ebenbürtig zu erscheinen. Denn nur wer akzeptiert wird, erhält auch auf die Dauer akzeptable Verhandlungsvorschläge.

Eigenes und fremdes Verhalten am Verhandlungstisch

Eine Eigenschaft zeichnet alle großen Verhandlungskünstler aus: die Fähigkeit, je nach Situation den richtigen Verhandlungston anzuschlagen — vom sanften, charmanten Geplauder bis zur schneidend scharfen Kommandostimme. Ihre Verhandlungsskala ist wesentlich breiter, feiner und differenzierter als gewöhnlich, und sie wissen diese rattenfängerischen Mittel mit derselben Sicherheit richtig einzusetzen wie der Organist seine Register. Diese Fähigkeit — über weit mehr als eine Oktave von Verhandlungstönen zu verfügen und sie situationsgerecht anwenden zu können — verleiht ihnen diese suggestive »allerschrecklichste« Überredungsgewalt.

In ihrer Biografie über Konrad Adenauer schrieb seine langjährige Mitarbeiterin Anneliese Poppinga über die Verhandlungsmethoden des ersten Bundeskanzlers:

»Er beherrschte viele Methoden. Auf behutsam ironisierende Weise, aber nie mit pharisäerhafter Süffisance, brachte er manchen dahin, wohin er ihn haben wollte. Andere beschwor er mit tiefem Ernst, zeichnete die Gefährlichkeit der Situation mit eindrucksvollen Worten und Warnungen. Mit seinem leidenschaftlichen Engagement untermauerte er seine Argumente, riß seine Partner mit oder verschüchterte manch einen Gegner.

Wenn es sein mußte, führte er eine sehr direkte, harte Sprache, manches Mal gewiß an der Grenze der Beleidigung, alles je nach Person und Situation. Er scheute auch nicht vor Bloßstellungen zurück, wenn es anders nicht klappen wollte; doch meistens begnügte er sich damit, seine Widersacher der Lächerlichkeit preiszugeben, aber das ist ja wohl dasselbe. Jedoch immer gemischt mit Humor. Humor verbunden mit der Schärfe der Attacke, blitzschnell eine Wendung im Gespräch nutzend.«

Über seine erste Verhandlungsrunde 1955 mit Chruschtschow in Moskau sagte Adenauer:

»Ich dachte: So klug wie der bin ich auch. Ich bin in Moskau ja auch mit ihm fertig geworden. Ein gewiegter Mann, zweifellos. Klug, schlau, und sehr geschickt. Dabei grob, recht zwanglos, muß ich sagen. Der Mann hatte derbe Manieren, da darf man nicht kneifen, da muß man mit

183

gleicher Münze zurückzahlen ... Er schlug mit der Faust auf den Tisch, aber das war halb só wild. Ich habe auch meine Faust gezeigt, das verstand er.«

Ebenso perfekt beherrschte Richelieu bei Verhandlungen diese Kunst der Verführung. In einer Biografie über ihn heißt es: »Eminentissime kann terrorisieren, blitzen und donnern. Seine Milde ist nicht weniger wirksam ... Verführend und bezaubernd, geschmeidig und schmeichelnd, goldene Zunge, seidene Worte, Augen wie Samt, die Miene beweglich — das alles genügt, aus ihm den unvergleichlichen Verführer zu machen ...«

Prüfen Sie einmal Ihre eigene Verhandlungsskala

Wie weit sind Sie fähig, aus sich herauszugehen, Gefühle zu zeigen und anzusprechen, zu donnern und zu blitzen und im nächsten Augenblick zu schmeicheln und zu bezaubern? — Oder kennen Sie nur zwei Verhandlungstöne: ärgerlich und mißmutig zu werden, wenn etwas schiefgelaufen ist, und eine freundliche Miene aufzusetzen, wenn Sie gerade gut gelaunt sind?

Bevor Sie die folgenden Fragen als »Schauspielerei«, »Kasperltheater« oder »schlichten Unsinn« leichtfertig abtun, denken Sie bitte einen Augenblick darüber nach:

● Warum verzichten selbst so große Staatsmänner wie Richelieu und Adenauer — trotz ihrer großen Macht — nicht auf solche persönlichen Verhandlungs- und Verführungskünste?

Und denken Sie bitte auch über folgende psychologischen Erkenntnisse nach:

● Wer keine Gefühle zeigen kann, kann auch beim anderen keine entfachen.
● Wer nicht aus sich herausgeht, dessen Botschaft wird beim anderen auch nicht »hineingehen« (Tiefenwirkung erzielen).

Zwei Eigenschaften brauchen Sie für diese Art von Verhandlungskunst: SELBSTVERTRAUEN und MUT.

	ja	nein
1. Haben Sie schon einmal bei einer Verhandlung mit kalt berechneter Wut vor den Augen Ihres Verhandlungspartners den Vertragsentwurf zerrissen?	☐	☐
2. Haben Sie schon einmal bei einer Verhandlung Ihre Armbanduhr vor sich hingelegt und gesagt: »Sie haben jetzt noch genau 5 Minuten Zeit, wenn Sie bis dahin nicht ..., ist die Sache für mich gestorben.«	☐	☐
3. Haben Sie schon einmal vor dem Verhandlungspartner Ihre Sachen eingepackt, sind aufgestanden und zur Türe gegangen — haben also ganz massiv mit dem Abbruch gedroht?	☐	☐
4. Haben Sie schon einmal einen Verhandlungspartner durch grobe Argumente und persönliche Angriffe, durch beißenden Spott und finstere Vorwürfe eingeschüchtert?	☐	☐
5. Haben Sie schon einmal einen Verhandlungspartner bewußt (d. h. völlig kontrolliert) angebrüllt, die Fäuste auf den Tisch geschlagen?	☐	☐
6. Haben Sie schon einmal vor einem Verhandlungspartner geweint oder (wenigstens) Tränen in den Augen gehabt, ihn angebettelt, angefleht?	☐	☐
7. Haben Sie schon einmal vor Ihrem Verhandlungspartner mit tiefstem, salbungsvollem Ernst die dramatische und äußerst schwierige Situation, dazu die allerschrecklichsten Gefahren, ausgemalt?	☐	☐
8. Haben Sie schon einmal auf eine Beleidigung und grobe Antwort des Verhandlungspartners bewußt geschwiegen und Augenkontakt gehalten (fast bis zur Unerträglichkeit)?	☐	☐ ▷

	ja	nein
9. Haben Sie schon einmal mit Charme, Liebenswürdigkeit und Schmeichelei Ihren Verhandlungspartner einzufangen versucht?	☐	☐
10. Haben Sie bei einer Diskussion schon einmal mehr als drei Stunden gewartet, bis Sie den richtigen Augenblick für Ihre Argumente gekommen hielten?	☐	☐

Wenn Sie weniger als fünfmal mit Ja geantwortet haben, überlegen Sie bitte: WARUM haben Sie bisher nie versucht, Ihren Verhandlungspartner auch gefühlsmäßig zu beeinflussen? Ist es Ihnen bisher gar nicht aufgefallen, daß Sie diese emotionale Seite völlig vernachlässigt haben, oder was ist es sonst? Denken Sie daran:

● Wer nur über und zur Sache sprechen kann, bleibt auf immer ein Sachverständiger. Nur wer auch zu Menschen sprechen kann, wird bald über der Sache stehen.

Beurteilung des Verhandlungspartners

Tagtäglich werden Sie auf Verhandlungspartner treffen, die sportlich gebräunt sind, jugendlich aussehen, schmuck gekleidet sind, ein elegantes Köfferchen mit sich tragen, einen pferdestarken Wagen fahren, über verbindliche Manieren verfügen, zuvorkommend plaudern können und über all die Merkmale eines »dynamischen« Auftretens verfügen, die heute gefragt sind. — Doch denken Sie daran: Ein gerechtes Persönlichkeitsbild gibt es nur »ohne Ansehen« der Person — also durch gezielte Beobachtungen und Nachweise.

Für Sie sind folgende persönliche Eigenschaften des Verhandlungspartners wichtig: seine Glaubwürdigkeit, seine Zuverlässigkeit, seine Sachkenntnis, seine Kooperationsbereitschaft.

Wenn Sie z.B. mit einem Verkäufer verhandeln, wollen Sie wissen:

- ob man ihm glauben kann, was er über sein Produkt sagt (Glaubwürdigkeit)
- ob er fundiert über das Produkt Bescheid weiß bzw. das, was er sagt, auch in der Realität beurteilen kann (Sachkenntnis)
- ob er seine Absprachen (auch ohne Vertrag) einhält (Zuverlässigkeit)
- ob er sich auch für Ihre Probleme interessiert und einsetzen wird (Kooperationsbereitschaft).

Kriterien für die Beurteilung des Verhandlungspartners

Glaubwürdigkeit

- Verwendet er präzise Eigenschaftswörter (»DIN-geprüft«) oder nichtssagende Superlative (»ausgezeichnet, hervorragend ...)?
- Rät er auch freiwillig vom Kauf bestimmter Produkte seiner Firma ab, weil sie für diesen Fall nicht geeignet sind?
- Nennt er ohne zu zögern Referenzen und Beweise für seine Produktbehauptungen?
- Spricht er offen und klar über Garantieleistungen, Schadensquoten, Kündigungsmöglichkeiten?
- Sind seine Körperbewegungen ruhig, sicher, kontrolliert, sind Sprache und Gestik (bei der Präsentation) beherrscht?

Zuverlässigkeit

- Hielt er alle bisherigen Absprachen (Besuchszeit, Prospekt- und Angebotssendung) wie vereinbart ein?

- Stimmt seine Telefon-Offerte mit der wirklichen Offerte überein?

- Notiert er Ihre (Sonder-)Wünsche, nimmt er Kleinigkeiten ernst?

- Ist er mit Zusagen vorsichtig oder großzügig?

- Spricht er ruhig und gelassen, eher bedächtig als hastig, überlegt er beim Sprechen, oder ist er »programmiert«?

Sachkenntnis

- Ist er bereit und fähig, sofort auf Detailprobleme einzugehen?

- Kann er Referenzen, Empfehlungen oder Beweise für ähnliche Problemlösungen vorweisen?

- Hat er Erfahrung in der Branche, auf diesem Gebiet?

- Macht er praktische, handfeste Aussagen, oder »theoretisiert« er?

- macht er klare und direkte Aussagen (Voraussetzungen, Anwendungsmöglichkeiten, Konsequenzen), oder spricht er unverbindlich?

Kooperationsbereitschaft

- Spricht er im »Ich-Stil« (Ich meine, ich glaube, ich sehe ...) statt im »Sie-Stil« (Sehen Sie bitte ... Was meinen Sie dazu ...)?

- Monologisiert er nur, oder fragt er zuerst nach Ihren Problemen und macht dann erst sein Angebot?

- Nimmt er Ihre Einwände und Gegenargumente ernst, oder spielt er sie herab und versucht, sich daran vorbeizumogeln?

- Spult er nur sein »Liefer-Programm« herunter, oder bemüht er sich auch um nicht alltägliche Problemlösungen?

15 Fragen und Antworten zur Verhandlungspsychologie

Alle Fragen, die hier aufgeführt sind, wurden in psychologischen Testverfahren überprüft. Versuchen Sie, die einzelnen Fragen nicht nur mit Ja oder Nein zu beantworten, sondern sich auch kurz zu überlegen, worauf Sie Ihre Meinung begründen. Die Einzelantworten und eine Zusammenfassung finden Sie am Schluß dieses Kapitels — zur besseren Übersicht und Wiederholung. — Überprüfen Sie mit den folgenden Fragen Ihre Kenntnisse der Verhandlungspsychologie.

	ja	nein
1. Glauben Sie, daß die **Sprechgeschwindigkeit** eines Redners (die Anzahl der Wörter pro Minute) einen Einfluß darauf hat, ob er von den Zuhörern als »intelligent« oder »sympathisch« beurteilt wird?	☐	☐
2. Glauben Sie, daß die **Sprechdauer und Sprechhäufigkeit** des einzelnen Redners von den Zuhörern als Führungsmerkmal beurteilt wird?	☐	☐
3. Glauben Sie, daß der **Bart** eines Redners irgendeinen Einfluß auf die persönliche Beurteilung durch die Zuhörer hat?	☐	☐
4. Glauben Sie, daß allein das **»gute Aussehen«** einer Person die Meinung über ihre Intelligenz- und Charaktereigenschaften beeinflußt?	☐	☐
5. Glauben Sie, daß die **momentane Stimmung** eines Menschen einen bestimmenden Einfluß darauf hat, ob er einen (ihm bisher unbekannten) Verhandlungspartner als sympathisch oder unsympathisch beurteilt?	☐	☐
6. Glauben Sie, daß Personen, deren Einwände und Argumente in einer Besprechung **ignoriert bzw. nicht berücksichtigt** werden, zornig reagieren?	☐	☐ ▷

	ja	nein

7. Glauben Sie, daß ein **enger Raum mit vielen Menschen** bei den Beteiligten in jedem Fall Streß-Reaktionen auslöst — also das klare Denken und Problemlösen beeinträchtigt? ☐ ☐

8. Glauben Sie, daß ein Verhandlungspartner, der sich relativ leicht zu einer **Meinungsänderung** bewegen läßt, von den anderen Verhandlungspartnern als intelligent angesehen wird? ☐ ☐

9. Glauben Sie, daß eine kleine Gruppe bereit ist, ihre **Meinung zu ändern,** wenn sie mit der Meinung einer größeren Bezugsgruppe konfrontiert wird? ☐ ☐

10. Glauben Sie, daß zwischen der Bereitschaft eines Verhandlungspartners, Ihnen **einmal und damit auch mehrmals zu helfen,** ein Zusammenhang besteht? ☐ ☐

11. Glauben Sie, daß man einen Verhandlungspartner positiv motivieren kann, wenn man zuerst sein **Selbstbild (= das Bild, das er von sich hat) angreift?** ☐ ☐

12. Glauben Sie, daß der einzelne in der Gruppe **extremer entscheidet** als allein? ☐ ☐

13. Glauben Sie, daß **Ihre Körperhaltung** bei Verhandlungen einen Einfluß auf die eventuelle Bereitschaft des Verhandlungspartners zur Meinungsänderung hat? ☐ ☐

14. Glauben Sie, daß zwei Verhandlungspartner durch die **stereotype Wiederholung** Ihrer Ansichten die Meinung einer ganzen Gruppe ins Wanken bringen können? ☐ ☐

15. Glauben Sie, daß Menschen bereits durch kleinste — teilweise völlig belanglose — Unterscheidungen zu **rivalisierenden Gruppen** gemacht werden können? ☐ ☐

Die richtigen Antworten

Frage	ja	nein	Frage	ja	nein	Frage	ja	nein
1	x		6		x	11	x	
2	x		7		x	12	x	
3	x		8		x	13	x	
4	x		9	x		14	x	
5	x		10	x		15	x	

Test — Antworten

Verhandlungspsychologie

1. Sprechgeschwindigkeit beschleunigt die Überzeugungskraft

Man unterscheidet drei Sprechgeschwindigkeiten: 110 Worte pro Minute (sehr langsam), 140 (mittel), 190 (sehr schnell).

Testergebnis 1 Schnelle Redner werden von den Zuhörern als intelligenter, informierter, objektiver, kurz: »kompetenter« eingestuft als langsame Redner — selbst wenn der Redetext ganz genau derselbe war.

Testergebnis 2 Langsameren Rednern wird eine größere Ausstrahlung »menschlicher Wärme« bestätigt.

Praktischer Tip Beginnen Sie Ihre Rede ruhig und langsam. Üben Sie jedoch bestimmte (wichtige) Textstellen frei, mit offenem Blickkontakt und sehr hoher Sprechgeschwindigkeit vortragen zu können.   ▷

2. Wer führen will, muß pausenlos reden können

Testergebnis   »Vielredner« und »Dauerredner« werden als bessere Führer eingestuft — selbst wenn ihre Beiträge zur Lösung der Gruppenprobleme klar schwächer sind als die der »schweigsameren« Gruppenmitglieder.

Die Qualität des Gesprochenen wird anscheinend als Gradmesser des persönlichen Engagements angesehen. Schweigen wirkt somit unpersönlicher, distanzierter.

Praktischer Tip   Wenn Sie führen wollen, lassen Sie keinen Punkt der Tagesordnung aus ... Und wenn Sie die Rede Ihres Vorredners wiederholen — mit anderen Worten. Aber reden Sie.

3. Bei den meisten Verhandlungspartnern ist der »Bart« ab, wenn er bei Ihnen dran ist!

Ein Dozent hielt die gleiche Vorlesung ein Semester lang mit Bart und ein Semester lang ohne Bart ab.

Testergebnis   Mit Bart wurde ein Dozent von den Studenten weniger zielstrebig, weniger freundlich, weniger energisch, weniger konzentriert, weniger genau und intelligent eingeschätzt. Nur hinsichtlich der Sympathie gab es keine Unterschiede. Einziger Bartvorteil: Der Bartträger wurde »progressiver« eingeschätzt.

Praktischer Tip   Im allgemeinen Geschäftsleben: Bart ab!

4. Gerechtigkeit gibt es nur »ohne Ansehen« der Person!

Testergebnis 1   Gut aussehende Menschen werden in der Regel (allein nach einem Foto) für empfindsamer, herzlicher, interessanter, stärker, gelassener, bescheidener, kontaktfreudiger beurteilt als weniger gut aussehende.

Testergebnis 2 Innerhalb der »Beurteilungsgruppe« (also von Angesicht zu Angesicht) wurden die Diskussionsteilnehmer mit gleichlautenden Ansichten als »hübscher« eingestuft.

Praktischer Tip Eine realistische Personenbeurteilung kann nur aufgrund von Tatsachen und längerfristigen Beobachtungen erfolgen. Das Aussehen »lenkt« zu sehr ab.

---

5. Es kommt auf die Sekunde an (nicht nur bei einer schönen Frau)!

Testergebnis Personen, die man das erste Mal in einer (für sich selbst) sehr angenehmen Situation trifft, beurteilt man wesentlich sympathischer, als wenn man sie in einer unangenehmen Situation kennengelernt hätte.

Praktischer Tip Vermeiden Sie es, Hiobsbotschaften zu überbringen. Die unangenehme Gefühlsreaktion wird leicht auf den Überbringer übertragen.

---

6. Wer die kalte Schulter gezeigt bekommt, bekommt die »kalte« Wut!

Testergebnis Wer im Gespräch oder in einer Diskussion geschnitten oder ignoriert wird, kommt sich 1.) einsam, isoliert, schüchtern und langweilig vor, 2.) reagiert nicht mit offenem Zorn, sondern mit abfälliger Kritik und handelt 3.) bei nächster Gelegenheit egoistischer.

Praktischer Tip Übersehen Sie in Verhandlungen nicht die Leute im zweiten und dritten Glied. Richten Sie an alle wenigstens ein paar Worte. Geben Sie jedem die Chance, seine Meinung zu sagen.   ▷

---

7. Was ich weiß, macht mich nicht heiß

Testergebnis Viele Menschen in einem engen Raum führen relativ schnell zu Streßreaktionen, die ein klares Denken und Problemlösen beeinträchtigen. Jedoch — es genügt bereits, die Teilnehmer vorher darüber zu informieren, um solchen Denkblockaden vorzubeugen.

Praktischer Tip Gehen Sie vorher schon in Gedanken alle möglichen unangenehmen Verhandlungssituationen durch und versuchen Sie, sich gedanklich auf sie einzustellen — auf einen engen Raum, auf schlechte Luft, auf Zigarettenqualm, auf Nachtsitzungen, stundenlanges Reden und Zuhören.

8. Wer meine Meinung teilt, ist intelligent

Testergebnis Personen, denen es relativ leicht gelingt, ihren Verhandlungspartner zu einer Meinungsäußerung zu bewegen, halten diesen für »intelligent«. Die anderen Verhandlungspartner schätzen denjenigen, der sich leicht überreden läßt, als nicht »besonders intelligent« ein.

Praktischer Tip In einer Zweierverhandlung ist es ab und zu recht gut, sich schnell »bekehren« zu lassen. In einer größeren Verhandlungsrunde sollten Sie sich nur sehr zäh und in Form von Kompromissen und Zugeständnissen »überreden« lassen, um vor den anderen Verhandlungspartnern nicht das Gesicht zu verlieren.

9. Die größere Meinung schlägt die »kleinere« Meinung

Testergebnis Um die Meinung einer Gruppe zu verändern, genügt es, sie mit der Meinung einer größeren Bezugsgruppe zu konfrontieren — sei es durch Zeitungsmeldungen oder Computerausdrucke.

194

Praktischer Tip Wenn Sie kleinere Gruppen überreden wollen, dann suchen Sie nach Meinungen einer größeren Bezugsgruppe (z. B. alle Sekretärinnen, alle Einkäufer) zu diesem Thema und legen Sie sie der kleineren Gruppe vor.

10. Wer einmal hilft, hilft auch ein zweites Mal

Testergebnis Grundsätzlich sind die Leute, die schon einmal zu Kompromissen und Hilfestellungen bereit waren, auch beim zweiten Mal dazu bereit — zumindest weit eher als solche, die bereits beim erstenmal abgelehnt haben.

Praktischer Tip Man wird am besten mit dem verhandeln, mit dem man schon einmal gut verhandelt hat. Die grundsätzliche Bereitschaft zum Kompromiß oder zu Hilfeleistungen zeigt sich in den meisten Fällen bereits beim ersten Mal.

11. He, Ihr Ausbeuter, 5 Prozent Rabatt bitte!

Testergebnis Wer sich für einen guten Menschen hält und dies auch gelegentlich bestätigt bekommt, der fühlt sich nicht genötigt, dies auch dauernd durch sein Verhalten zu beweisen.

Wer aber beschimpft oder verdächtigt wird, versucht sein eigenes positives Selbstbild wieder herzustellen, indem er bei nächster Gelegenheit beweist, daß man ihm Unrecht getan hat und er doch ein »guter Kerl« ist.

Praktischer Tip Beschimpfen Sie nicht direkt Ihren Verhandlungspartner, sondern eine größere Bezugsgruppe (die Branche, die Großfirmen): »Ihr aus der Ölbranche habt doch nur den nackten Profit im Auge ...!« ▷

12. Einigkeit macht stark und extrem!

Testergebnis   In der Gruppe neigt der einzelne zu extreme-
ren Entscheidungen, als wenn er alleinverant-
wortlich entscheiden muß.

Praktischer Tip Wenn Sie Risikoentscheidungen treffen wollen, motivieren Sie dazu vor einer Gruppe.
Wenn Sie Verantwortung, Hilfsbereitschaft
und Ehrlichkeit ansprechen wollen, sprechen
Sie mit jedem einzelnen.

13. Konfrontationshaltung schafft Konfrontation

Testergebnis   Eine »geschlossene« Körperhaltung (ver-
schränkte Arme und Beine, abweisender
Blick, zusammengepreßte Hände, vorgebeug-
ter Oberkörper, hartes Gesicht) ruft bei Ihrem
Verhandlungspartner eine weitaus geringere
Bereitschaft hervor, seine Meinung zu ändern,
als eine offene Körperhaltung.

Praktischer Tip Wollen Sie den anderen zu einer Meinungsänderung bewegen, zeigen Sie eine offene Körperhaltung: Lehnen Sie sich zurück, geben
Sie sich entspannt, halten Sie Ihre Handflä-
chen offen, verzichten Sie auf erhobene Zei-
gefinger, zeigen Sie eine entspannte Mimik.

14. Steter Tropfen höhlt den Stein

Testergebnis   Zwei scheinbar neutrale Beobachter haben eine ganze Gruppe dazugebracht, Stäbchen,
die 30 cm lang waren und in einem Bild gezeigt wurden, hernach auf 10 cm (!) einzuschätzen.

Praktischer Tip Wenn Sie überzeugen wollen, wiederholen
Sie immer wieder mit gleichen Worten, was
nach Ihrer Meinung die einzig richtige Lösung
ist. Es ist die altbekannte Wiederholungstechnik.

15. Divide et impera (Teile und herrsche)!

Testergebnis Allein die willkürliche Einteilung von Menschen in »Klee-Liebhaber« und in »Kandinsky-Liebhaber« schuf trotz aller sonst bestehenden Differenzen deutliche Sympathien für die Mitglieder der eigenen Gruppe und neutrale bzw. Antipathiegefühle gegenüber den Mitgliedern der anderen Gruppe.

Praktischer Tip Behalten Sie sich die Schiedsrichterrolle vor, indem Sie die Diskussionsrunde nach relativ willkürlichen Merkmalen in zwei Gruppen einteilen und zwei verschiedene Alternativvorschläge ausarbeiten lassen.

Kurz zusammengefaßt, was Sie beim Verhandeln wissen sollten

1. Wenn Sie überzeugen wollen, müssen Sie möglichst *schnell* sprechen!

2. Wenn Sie Vertrauen gewinnen wollen, sollten Sie anfangs *langsamer* sprechen!

3. Wenn Sie führen wollen, müssen Sie *viel* sprechen!

4. Wenn Sie zielstrebig und intelligent wirken wollen, verzichten Sie auf den *Bart*!

5. Wenn Sie interessanter und erfolgreicher wirken wollen, tun Sie etwas für Ihr *Äußeres*!

6. Wenn Sie auf jemanden beim erstenmal sympathisch wirken wollen, nützen Sie einen günstigen, für den anderen *angenehmen Augenblick*!

7. Wenn Sie keine heimlichen Feinde wollen, *ignorieren Sie niemanden,* auch nicht die Verhandlungspartner im zweiten und dritten Glied!

8. Wenn Sie von *unangenehmen Verhandlungssituationen* unberührt bleiben wollen, gehen Sie sie zuvor in Gedanken durch!

9. Wenn Sie von einem Verhandlungspartner für »intelligent« gehalten werden wollen, lassen Sie sich *schnell »bekehren«*! Wenn Sie von den anderen Verhandlungspartnern als intelligent gehalten werden wollen, dann lassen Sie sich nur *langsam,* wenn überhaupt, zu einer Meinungsänderung bewegen!

10. Wenn Sie die Meinung einer kleinen Gruppe ändern wollen, halten Sie ihr die Meinung einer größeren *Bezugsgruppe* vor!

11. Wenn Sie von jemandem etwas wollen (Kompromiß, Hilfeleistung), dann wenden Sie sich an den, der Ihnen *schon einmal geholfen* hat!

12. Wenn Sie von jemandem etwas wollen, verunsichern Sie ihn (sein Selbstbild) durch globale *Verdächtigungen* seiner Bezugsgruppe!

13. Wenn Sie mehr *Risikofreudigkeit* wollen, sprechen Sie die Leute in der Gruppe an! Wenn Sie mehr *Verantwortungsbewußtsein* brauchen, jeden einzelnen!

14. Wenn Sie den Verhandlungspartner zu einer Meinungsänderung bewegen wollen, zeigen Sie eine *offene Körperhaltung*!

15. Wenn Sie eine Gruppe zu Ihrer Ansicht bekehren wollen, *wiederholen* Sie mit einem Partner felsenfest und stereotyp Ihre Wahrnehmungen und Auffassungen!

16. Wenn Sie sich die *Schiedsrichterrolle* vorbehalten wollen, teilen Sie eine Gruppe nach zufälligen Merkmalen in zwei Gruppen auf und lassen Sie sie Alternativlösungen ausarbeiten!

V Methoden der Dialektik

Wie wehrt man sich gegen Behauptungen, Feststellungen und Ausrufesätze? Zum Beispiel gegen die Behauptung: »Nur eine staatliche Investitionskontrolle kann heute noch die Investitionen sinnvoll koordinieren!«

Abwehrmethoden

- **Beweis verlangen**
  Können Sie diese Behauptung auch beweisen?

- **Begriffsdefinition verlangen**
  Was verstehen Sie eigentlich unter »staatlicher Investitionskontrolle«?

- **Beispiele verlangen**
  Können Sie mir dafür ein erfolgreiches Beispiel nennen?

- **Beispiele, Zahlen, Statistiken, Autoritäten anzweifeln**
  Woher haben Sie …? Wie alt sind …? Wer ist der …?

- **Einzelfall verallgemeinern**
  Gilt das für alle Länder, für hochindustrialisierte ebenso wie für Entwicklungsländer?

- **Verallgemeinerung auf den Einzelfall überprüfen**
  Gilt das auch für die Bundesrepublik Deutschland?

- **Als Theorie oder Ideologie abqualifizieren**
  Das ist doch reine Theorie/Ideologie … Wie soll das denn in der Praxis aussehen?

- **Bedingte Zustimmung**
  Selbst wenn es so wäre …, wer soll denn dann wirklich entscheiden?

- **Vorwurf des Alles oder Nichts**
Meinen Sie nicht, daß Sie damit wieder einmal das Kind mit dem Bade ausschütten?

- **Beweisführung durch Syllogismus**
    1. Obersatz: Kein Ostblockland hat bisher unseren Lebensstandard erreicht
    2. Obersatz: Jedes Ostblockland weist ein System strenger Investitionskontrollen auf
    These: Die Investitionskontrolle ist kein Garant für einen hohen Lebensstandard

- **Abwehr durch Übertreibung**
Richtig! Nur Investitionskontrollen können uns das Paradies — das sozialistische — sichern!

- **Persönlicher Angriff**
Sie haben wohl schon eine Position als Investitionskontrolleur sicher?

- **Scheinargumentation durch Bilder**
Einer pessimistischen Wirtschaft eine staatliche Investitionskontrolle verpassen, ist ebenso sinnvoll, wie einem Esel die Läufe zusammenzubinden und ihn dann mit einer Rute zu schnellerer Gangart anzutreiben!

- **Moralischer Angriff**
Heute wollen Sie nur die Investitionen kontrollieren, und morgen wollen Sie dann die Investitionen von gestern verstaatlichen ... Das ist doch Falschmünzerei, was Sie betreiben!

- **Hintermänner angreifen**
Investitionskontrollen sind euer letzter Strohhalm, weil eure Genossen in Bonn mit den wirklichen Problemen nicht fertig werden!

- **Akademische Wortklingelei**
(Mit hoher Sprechgeschwindigkeit möglichst viele Fremdwörter in längere Sätze verpacken)

- **Ablenkung durch Angriff auf den wunden Punkt**
  Sie sollten nicht mit utopischen Zukunftsvisionen ab-
  lenken, sondern sagen, was Sie heute zu tun gedenken
  — gegen die Arbeitslosigkeit!

Contra-Abwehrmethoden

Angriff und Abwehr lassen sich nicht eindeutig trennen.
Jede »Rückfrage« ist auch schon ein Angriff. In vielen
Fällen kann der Angreifer mit Erfolg die Methode des
Vorredners übernehmen. Vor allem dann, wenn es in ei-
ner Situation auf reine Rechthaberei, auf Resonanz beim
Publikum ankommt. Dann gehören zu den Abwehr- und
Angriffswaffen auch der MUT, die SELBSTSICHER-
HEIT und die KÜHNHEIT, mit der selbst Allerwelts-
weisheiten als der Weisheit letzter Schluß »verkauft« wer-
den. Hier die möglichen Repliken auf die o. g. Antworten
des Angreifers:

- **... Behauptung auch beweisen?**
  Den Beweis liefert doch ihr kapitalistisches Wirt-
  schaftssystem mit über einer Million Arbeitslosen
  selbst!

- **Was verstehen Sie unter »staatlicher Investitionskontrolle«?**
  ... das Gegenteil Ihrer Investitionsmethoden: Sie suchen nach dem größtmöglichen Profit für den Einzelnen, wir für die ganze Gemeinschaft!

- **Nennen Sie Beispiele!**
  Beispiele hinken immer ... Man kann China nicht mit
  der Bundesrepublik vergleichen.

- **Woher haben Sie denn Ihre Zahlen?**
  Ganz bestimmt nicht vom Bund deutscher Unternehmer!

- **Gilt das für alle Länder?**
  Wenn sie dafür reif sind — ja!

- **Gilt das auch für die Bundesrepublik?**
  Wieso nicht?

- **Das ist doch alles Theorie!**
  Sind eine Million Arbeitslose auch nur Theorie? Wir können nicht einfach die Hände in den Schoß legen! Wir müssen etwas tun!

- **Wer soll denn dann entscheiden?**
  Qualifizierte Fachleute ... Keine Spekulanten!

- **Schütten Sie da nicht das Kind mit dem Bade aus?**
  Sie tun das ja, indem Sie jede neue Idee in Bausch und Bogen verteufeln!

- **Investitionskontrollen sind kein Garant für einen hohen Lebensstandard**
  ... Aber vielleicht für etwas weniger Spekulantentum und etwas mehr Gemeinschaftssinn!

- **Nur Investitionskontrollen sichern uns das Paradies**
  ... Das haben Sie gesagt, nicht ich!

- **Sie haben wohl schon eine Position?**
  Wieso ...? Wollen Sie sich auch bewerben?

- **... Eseln ...**
  Ihre Fantasie in Ehren, aber hier handelt es sich nicht um Esel! (Zuruf: vielleicht doch!)

- **Sie betreiben Falschmünzerei!**
  ... die Sie bereits seit Jahren betreiben!

- **Bonn ist schuld**
  Richtig, die müssen jetzt die Suppe auslöffeln, die Sie ihnen jahrzehntelang eingebrockt haben!

- **Akademische Wortklingelei**
  Gut gebrüllt Löwe! Und was wollten Sie eigentlich sagen?

- **Keine Zukunftsvisionen, was wollen Sie konkret gegen die Arbeitslosigkeit tun?**
  ... Das, was Ihnen so schwer fällt, nämlich mit neuen Ideen zu kommen. Konservative sind nun mal Leute, die jede Idee akzeptieren, es sei denn, sie ist nicht zufällig neu!

Sie sehen schon an diesen einfachen Beispielen: die Methoden der Dialektik sind unerschöpflich. Es gibt keine hundertprozentigen Angriffs- und Abwehrwaffen. Viele dieser Methoden leben von der Vorbereitung, der Schlagfertigkeit, der Konzentration und der Fähigkeit, genau zuhören zu können. — Doch ohne gründliche Vorbereitung wird man mit diesen »Stichel-Techniken« einem gewieften Mann nicht lange Paroli bieten können. Auch für die gekonnte Dialektik gilt: 1% Inspiration, 99% Transpiration!

Angriffs- und Abwehrmethoden

- **Suggestivfragen formulieren**
  Kommt es beim Kauf eines neuen Wagens nicht zu allererst auf Qualität an?

- **Aussage verdoppeln**
  Ich sage es mit allem Ernst und Nachdruck: Es gibt bei uns nichts, aber auch gar nichts zu zweifeln oder in Zweifel zu ziehen!

- **Negative Aussage mit positiver verbinden**
  Das war kein Urlaub mit 14 Tagen Regenwetter und einem Sonnentag, es war ein Urlaub mit herrlichem Sonnenschein — 15 Tage lang!

- **Schuldgefühle aufrühren**
  Alle Unternehmer wollen doch nur eins — Profite! Nennen Sie mir doch einen Unternehmer, der das nicht will.

- **Kompetenz anzweifeln**
  Ich weiß nicht, ob gerade Sie aus der Einkaufsabteilung diese Sache wirklich neutral beurteilen können?

- **Persönlich Verunsichern**
  Haben Sie schon einmal darüber nachgedacht? — Dann tun Sie es bitte auch ein zweites Mal, bevor Sie darüber reden!

- **Autoritäten zitieren**
  Was, Sie kennen den berühmten Professor Kritzibitzky nicht?

- **Eben-Deshalb-Technik**
  A: Ich kümmere mich nicht um Politik ... Die in Bonn machen doch, was sie wollen!
  B: Eben deshalb sollten wir ihnen besonders genau auf die Finger schauen!

- **Wenn-Sie-Technik**
  Wenn Sie an meiner Stelle wären, wie würden Sie da entscheiden? — Würden Sie da unter dem Zwang der Ereignisse nicht genauso entscheiden?

- **Natürlich-Und-Methode**
  Natürlich haben Sie recht! Bei uns bekommen Sie 400 Mark weniger. Und ... haben Sie auch berücksichtigt, welche Vorteile für Sie damit verbunden sind?

- **Komparativ anwenden**
  A: Die soziale Marktwirtschaft ist eine bewährte Wirtschaftsordnung!
  B: Nein!
  A: Kennen Sie eine »bewährtere«?

- **Nicht-Nur-Sondern-Auch-Verstärkung**
  A: Die soziale Marktwirtschaft hat vielleicht in der Vergangenheit gegolten.
  B: Sie hat nicht nur gegolten, sondern sie wird auch in Zukunft gelten.

- **Ablenkungstechnik**
  A: Für das Gehalt kann ich nicht arbeiten!
  B: Mhm ... Wissen Sie auch, welche Aufstiegschancen Ihnen unser modernes Trainee-Programm bietet?

- **Gegenbegriff durch ein Negativ-Schlagwort ersetzen (und umgekehrt)**
  Steuerungsinstrument sagen Sie ... Sie sollten besser Manipulationsinstrument sagen!
  Sei nicht so pingelig! — Ich bin nicht pingelig, nur sorgfältig!

- **Assoziationsmethode**
  Südtiroläpfel schmecken großartig (1). Sorgen Sie dafür, daß Ihre Familie gesund bleibt (2). Kaufen Sie Südtiroläpfel (3)!
  Sie stellen im ersten Satz eine Behauptung auf, appellieren im zweiten Satz an ein wichtiges menschliches Motiv, das aber keineswegs mit der Behauptung im Zusammenhang stehen muß, und ziehen im dritten Satz daraus den Schluß!

Dämpfertechniken gegenüber allzu sicheren Verhandlungspartnern

Wie wehrt man sich gegenüber allzu sicheren Verhandlungspartnern, gegenüber ihren unbewiesenen Behauptungen, volltönenden Ausrufesätzen, kritisierenden Killerphrasen und überzogenen Selbstdarstellungen? Folgende 13 Möglichkeiten dienen dazu, auch überlegene Verhandlungspartner zu »stoppen« und zu verunsichern:

1. Eine unsichere Behauptung sofort aufspießen

A: Mit dieser Strategie könnten wir unseren Marktanteil um zehn Prozent verbessern!
B: Könnten?
Trick: Das Unsicherheitswort in Frageform wiederholen.

2. Für jede Behauptung sofort Beweise verlangen

A: Damit verstoßen wir gegen die Gesetze des Marktes.

B: Gegen welche Gesetze verstoßen wir denn?

Trick: Den Behauptungssatz in Frageform wiederholen.

3. Die Theorie gegen die Praxis ausspielen (und umgekehrt)

A: Wir sollten unsere Verkäufer durch ein neues Provisionssystem besser motivieren!

B: Gut gesagt. Und wie wollen Sie das in der Praxis machen?

Trick: Jeden theoretischen Vorschlag als Theorie oder Fachchinesisch und jeden praktischen Vorschlag als Einzellösung ohne (geistige) Gesamtkonzeption abqualifizieren.

4. Die Beantwortung einer Frage vom Verhandlungspartner selbst abhängig machen

A: Wie lange brauchen Sie, um diese Abteilung zu reorganisieren?

B: Das hängt von Ihnen ab — welche Vollmachten Sie mir geben.

Trick: Den Verhandlungspartner durch ein »Das hängt von Ihnen ab« um die Voraussetzung fragen.

5. Jede kritische Äußerung erläutern lassen

A: Diese Investition wird für uns verhängnisvoll werden.

B: Verhängnisvoll, wieso denn?

Trick: Das »kritische« Wort mit einem »Wieso, denn?« wiederholen.

6. Jede Behauptung auf sich persönlich beziehen

A: In den USA sind schon mehrere Firmen an Unkenntnis gescheitert.

B: Wollen Sie behaupten, daß wir davon nichts verstehen?

Trick: Eine allgemeine Behauptung (Abwertung) in einen persönlichen Vorwurf umwandeln (übertreiben).

7. Jede Erklärung auf einen einzigen Grund festlegen

A: Die Ertragslage war in den letzten Monaten weiter stagnierend.

B: Ich will keine Erklärungen, ich will den Grund wissen.

Trick: So tun, als ob es für eine Erscheinung nur einen Grund gibt.

8. Eine verneinende Behauptung doppelt bejahen

A: Diese Finanzierungsgesetze gelten heute nicht mehr.

B: Sie gelten nicht nur heute, sie werden auch in Zukunft gelten.

Trick: Das Behauptungswort (gelten) durch einen »Nicht-nur, sondern-auch-Satz« wiederholen.

9. Den gegnerischen Angriff ins Leere laufen lassen

A: Was Sie da machen ist Zeitverschwendung!

B: Nein ... eine Vorsichtsmaßnahme.

Trick: Das Angriffswort durch ein positives Wort ersetzen.

10. Die Selbstdarstellung des Verhandlungspartners auf ihren eigentlichen Wert zurückführen

A: Mit meinen Vorschlägen werde ich den Vorstand vom Stuhl reißen.

B: Vielleicht ... aber kaum überzeugen.

Trick: Das übertriebene Behauptungswort durch ein situationsgerechteres Wort ersetzen.

Was sollten Sie vor jeder Verhandlung bedenken?

- Verhandlungsthema   _____
  _____

- Verhandlungspartner   _____
  Stellung   _____
  Aufgabe   _____
  Beurteilung   _____

- Verhandlungsort   _____

- Verhandlungstermin   _____

- Verhandlungsdauer   _____

- Verhandlungsunterlagen   _____
  eigene
  für den Verhandlungspartner   _____

- Kernproblem   _____
  Was ist das eigentliche, »tiefere«   _____
  Problem?   _____

- Verhandlungsspielraum   _____
  Zeit   _____
  Minimum-Maximum-Bedingungen   _____
  Kompromiß   _____

- Verhandlungsziele   _____
  (Prioritätenliste)   _____

- Motive des Verhandlungspartners   _____
  (Sicherheit, Gewinn, Prestige ...)   _____ ▷

- Argumente des Verhandlungspartners (Sachargumente, Gefühlsargumente)

- Eigene Motive

- Eigene Argumente
  (Sach-, Gefühlsargumente)

- Verhandlungsmethode
  (Pro- und Contra-Methode,
  4-Stufen-Methode)

- Verhandlungsklima
  (Verhandlungston ...)

- Verhandlungsgrundsätze
  (Wiederholungstechnik)

- Verhaltensregeln
  (bei Verstimmung, Kompromiß-
  losigkeit)

- Verhandlungsergebnis

- Aktionsprogramm

A   *Angriff ist die beste Verteidigung*

Fall 1

Wenn wir Vorwürfe von unserem VP erwarten, präparieren wir uns mit Gegenvorwürfen. Unter einem Vorwurf ist natürlich auch eine eventuelle Preiserhöhung zu sehen. Als Einkäufer Meier den Vertreter A über den Hof gehen sieht, weiß er, was die Stunde geschlagen hat. Schnell ruft er den Produktionsleiter an: »Karl, du hast mir doch mal erzählt, daß das mit dem Papier der Firma X nicht so recht hinhaut ... Wie? ... Ist erledigt? ... Ne, ne, da kommt gerade der Vertreter dieser Firma und möchte bestimmt die Preise erhöhen — aber ohne mich! Du rufst mich genau in 5 Minuten an und beschwerst dich ganz zufällig über das ›verdammte‹ Papier ... Ich laß den Vertreter dann gleich mithören ...!«

Fall 2

Sie kommen dem Vertreter zuvor, fahren plötzlich zu Ihrem Lieferant und überraschen ihn: »Hören Sie, die Sache ist ganz dringend ... Sie wissen, Ihre Preise gefallen mir seit längerer Zeit nicht ... Ich habe da ein ausgezeichnetes Angebot bekommen ... Aber ich möchte Ihnen trotzdem aufgrund unserer alten Beziehungen eine Chance geben ..., wenn die Preise stimmen ...«

Fall 3

Um einen Kompromiß herauszuholen, brauchen Sie in jedem Fall mehr Streitpunkte als der Gegner. Dabei können diese Streitpunkte rein theoretischer Natur sein, von denen Sie sich abbringen lassen — gegen Zugeständnisse des anderen. Dabei gilt die Regel: keine Konzession ohne

Gegenkonzession. Einkäufer: »Was ... Sie geben nur 2%
Skonto, gar nur 1% Jahresbonus und überhaupt keinen
Einführungsrabatt?«

B Beredtsamkeit bremst man durch »beredtes« Lob!

Sie sagen zu dem Verhandlungspartner: »Ja, da ist etwas
Gutes dran!« und betonen das *etwas*.

C Contra handeln, nicht contra geben!

Man gibt dem VP zu verstehen, daß die angebotene Wa-
re/Zeit kostbar, rar, selten ist, daß nur ein »begrenzter«
Vorrat vorhanden ist. Ein Schulungsinstitut wird nicht nur
aus pädagogischen Gründen schreiben: »Teilnehmerzahl
begrenzt!« Ein Unternehmensberater wird vorgeben: August, September, Oktober ausgebucht zu sein. »Wie wäre
es Anfang November ...? Oder noch besser zu Beginn des
neuen Jahres?«, um dann doch noch »rein zufällig die Sache in zwei Wochen in Angriff nehmen zu können«.

Um dieses Verhalten zu unterstützen, wird eine »Auf-
bruchsituation« simuliert: »Ich glaube, es hat keinen Sinn,
weiterzuverhandeln. Lassen wir es. Vielleicht ergibt sich
später noch mal eine Gelegenheit.« Dann erhebt sich der
VP ruckartig aus seinem Sitz.

Die Methode

Ungeliebtes macht man »privilegiert« (Schreibmaschi-
nen).
Vorrat macht man begrenzt (leider nur ein Prospekt vor-
handen).
Verbote erlaubt (Betreten des Rasens erlaubt!).
Knappe Angebote werden vervielfältigt (Bewerbungen).

Wem man entkommen will, dem drängt man sich auf (Musterung).

Was man haben will, weist man offiziell zurück (Alkohol, Frauen).

Was man aufdrängen will, enthält man vor (Kind und Banane).

Was man durchsetzen will, kritisiert man selbst.

Was man haben will, verneint man durch Gerüchte.

Nachgeben tun wir nur »händeringend« und gegen Zugeständnisse.

Wer an einer Sache halbwegs interessiert ist, dem raten wir mäßig ab.

Wer interessiert ist, zeigt Desinteresse.

Wer Vorrat hat, signalisiert Knappheit.

Wer von jemand etwas haben möchte, sagt ihm, er werde es ihm ja doch nicht geben.

Was man loswerden möchte, hält man fest.

Was man verbieten möchte, erlaubt man.

D Dumm zu scheinen, heißt schlau zu verhandeln!

Eines der wichtigsten Verhandlungsgesetze der Diplomatie, der Politik und des gesellschaftlichen Lebens heißt: verschleiern und vortäuschen, kurzum den Dummen spielen.

E Einstellungen erfährt man durch absichtliche Schnitzer und durch Grundsatzdebatten

Die Einstellung des anderen erfährt man, indem man absichtlich einen Schnitzer macht; so tut, als habe man sich versprochen und müsse sich sofort korrigieren. Auf den

Gesichtern der Verhandlungspartner kann man dann die Wirkung ablesen. Oder: Man wirft irgendeinen Grundsatz in die Debatte. Im Widerspruch dazu geben die meisten ihre geheimen Gedanken preis.

F Fragen lockt man durch Feststellungen heraus

Man setzt bei dem betreffenden Thema eine völlig unbeteiligte Miene auf, blickt dann plötzlich seinem Gesprächspartner fest ins Auge und sagt: »Herr Meier, ich mache eine sehr betrübliche Feststellung!« — »Welche denn?« — »Ich stelle fest ...«

G Gefühle zuerst, Logik zuletzt

Akzeptiert der Verhandlungspartner keine Sachargumente, appelliere an sein Gefühl. Reagiert er auf keine Gefühlsargumente, appelliere an seinen Verstand!

H Was das Herz begehrt, rechtfertigt der Verstand

Die wichtigsten Gefühle sprechen Sie im Bereich der Sicherheit, der Verantwortung, des Prestiges, der Bequemlichkeit, der Sauberkeit, der Orientierung, der Gesundheit, des Kontakts, der Geltung, der Unabhängigkeit, des Wettbewerbs, der Schönheit, der Unterhaltung an.

Wichtig:

Die Menschen wollen entweder etwas erreichen und legen dann ein Zielverhalten an den Tag, oder sie wollen etwas vermeiden und legen ein Vermeidungsverhalten an den Tag.

Zielverhalten: Sicherheit, Kontakt, Geltung, Gesundheit, Schönheit ...

Vermeidungsverhalten: Ärger, Mühe, Sorgen, Unbequemlichkeit, Streß, Armut.

I Indiskret fragen, heißt direkt erfahren

Man »überfährt« den Verhandlungspartner, indem man ihn nicht fragt, ob überhaupt, sondern wann und wo.

Nicht: »Hatten Sie Schwierigkeiten mit dieser Maschine?«

Sondern: »Welche Schwierigkeiten hatten Sie bisher mit dieser Maschine?«

K Konversation, nicht Konfrontation

Es ist in 99% aller Fälle sinnlos, auf Menschen mit anderen Meinungen einzugehen.

Dazu Talleyrand, der »König der Konversation«, wie er von Napoleon genannt wurde: »Jede Diskussion, die auf eine Konfrontation hinausläuft, ist zwecklos: niemals hat man erlebt, daß ein Gesprächspartner vom anderen überzeugt worden wäre. Hingegen sind Tausende verärgert worden und starrköpfiger als vorher auseinandergegangen.«

L Lästigen Fragern stellt man lästige Fragen

Man kommt lästigen Fragern zuvor, indem man nicht auf ihre Frage eingeht, sondern selbst ein paar verwirrende Fragen stellt.

M   Moralischer Druck durch moralisches Lob

Man verpflichtet den Verhandlungspartner, indem man
ihm sagt, daß man eine bestimmte positive Verhaltensweise bei ihm erkannt hat und bewundert (dadurch wird er
moralisch verpflichtet, sie auch weiterhin zu zeigen). »Wir
haben ja sonst sehr viele Kleinaufträge. Aber bei Ihnen ist
das was anderes!«

N   Nichts gedeiht ohne Vorbereitung

»Nur was zu Ende gedacht ist, bringt auch ein Ergebnis«,
sagte Napoleon. Bereiten Sie sich deshalb auf schwierige
Verhandlungen mit einer Kartei vor: Auf einen Zettel
schreiben Sie Argument Nr. 1, auf einen zweiten das Ge-
genargument, auf einen dritten die Rückantwort ... Bei jedem Argument versuchen Sie sich in den Standpunkt des
Verhandlungspartners hineinzuversetzen.

O   Offenheit im Detail schafft Glaubwürdigkeit
im Ganzen

Man überzeugt den Verhandlungspartner von der eigenen
Glaubwürdigkeit, indem man kleinere, harmlose Detailprobleme ganz offen zugibt, ja extra und unaufgefordert
auf sie hinweist.

P   Proben Sie die Lüge durch »Gläubigkeit«
und die Wahrheit durch »Ungläubigkeit«

Wenn man argwöhnt, daß einer lügt, stelle man sich gläu-
big: »... Da wird er dreist, lügt stärker und ist entlarvt. Ist

ihm die Wahrheit entschlüpft, stelle man sich ungläubig, damit er provoziert die ganze Wahrheit herausrückt.« (Schopenhauer)

R Rechter Eifer nur bei falschen Thesen

Man legt eine falsche Fährte, indem man kunstvoll eine These vertritt, von der man im voraus weiß, daß sie nicht angenommen wird.

S Schweigen heißt, auf den richtigen Augenblick zu warten

Je wichtiger die Botschaft ist, die man »anbringen« möchte, um so mehr muß man vorher schweigen, um die Zuhörer dafür erst richtig aufnahmefähig zu machen. Diese Zeit kann auch Stunden dauern — und die härteste Geduldsprobe darstellen.

Ein amerikanischer Geschäftsmann sagte dazu: »Es hat Jahre gedauert, bis ich gelernt habe, daß das Abwarten des richtigen Zeitpunktes wirklich fünfzig Prozent des Erfolges ausmacht. Man muß wissen, wann eine Zuhörerschaft oder ein einzelner aus dem einen oder anderen Grund psychologisch aufnahmefähig geworden ist.«

T Teuer ist nur die Rose, nicht der Setzling

Hüten Sie Ihren ersten (plötzlichen) Gedanken wie ein winziges, aufkeimendes Pflänzchen. Es wird sonst zertreten (»Das geht doch nicht!«), unberücksichtigt bleiben (»Gut … aber mir fällt was anderes ein«) oder von anderen ausgebeutet (»Ich hatte auch schon mal denselben Gedanken«).

U   *Übereinstimmung herrscht nur, wenn Geist und – Stimmung übereinstimmen*

Eine echte Übereinstimmung ist so schwer zu erreichen, weil die Übereinstimmung des Geistes und der Stimmung dazugehören. Oft aber wird die Verschiedenheit der Stimmungen, ausgelöst durch die Verschiedenheit der Berufe, der Freuden, des körperlichen und seelischen Zustandes, nicht berücksichtigt. Deshalb fehlt bei keiner größeren Feier der Alkohol, weil er eine einvernehmliche Grundstimmung schafft. Deshalb ist es bei Verhandlungen wichtig, durch bestimmte Gemeinsamkeiten (Kaffeetrinken ...) eine gemeinsame Grundstimmung zu erzeugen.

V   *Vorwürfe nicht bestreiten, sondern bestätigen*

Ein Mann »belästigt« Talleyrand mit einer Rechnung. »Nichts richtiger als das: Man ist Ihnen etwas schuldig, Sie müssen bezahlt werden!« — »Ach, Bürger Minister, die Zeiten sind hart, Sie würden mir einen großen Gefallen erweisen.« — »Das hat mit Gefallen nichts zu tun; wenn man etwas schuldet, muß man es begleichen.« — »Sie werden mich bezahlen, Bürger Minister, aber wann?« — »Sie sind äußerst neugierig.«

W   *Wahrscheinlich ist das eine ... wie das andere*

Wenn der Verhandlungspartner zufällig einen Verdacht ausspricht, der richtig sein könnte, stellen wir ihn als absolut wahrscheinlich hin und als ebenso wahrscheinlich auch das Gegenteil. »Sie meinen dieser Artikel wird ein

Flop? ... Bei den sensiblen Kundenwünschen heute wäre das kein Wunder ... Aber was spricht dagegen, daß dieser Artikel vielleicht auch der Renner der Saison wird?«

Z *Zugeständnisse erreicht man durch Zugbrücken*

Man erreicht Zugeständnisse, indem man alles daran setzt, daß der Verhandlungspartner sein Gesicht wahren kann, indem man ihm goldene (Rückzugs-)Brücken baut.

DRITTER TEIL

Konferieren

I Zeit- und Geldverschwendung auf Konferenzen

Schlechte Noten für schlechte Konferenzen

Würde man die verschiedenen Tätigkeiten der Manager benoten, kämen die Konferenzen mit Sicherheit schlecht weg. Von einer durchschnittlichen 60-Stunden-Woche pflegt der Manager — nach einer Studie des Bonner Instituts für Kommunikationsplanung über die Zeitökonomie im Management — circa ein Drittel der Zeit in Besprechungen und Konferenzen zu verbringen. Doch die konkreten Ergebnisse bleiben mager. Ein Manager kommentiert diese »Konferitis« sarkastisch: »Weil jeder Bienenfleiß nachweisen will, ohne Verantwortung zu tragen, werden Aktennotizen und Memoranden geschrieben, die dann in Konferenzen zur gegenseitigen Abstimmung vorgelegt werden, mit dem gemeinsamen Beschluß, einen neuen Unterausschuß dafür zu gründen.«

Die Ursachen sind in den meisten Fällen die gleichen: »Bei vielen Gruppenbesprechungen zeigt sich, daß man sie per Korrespondenz oder Telefon hätte erledigen können. Diese Besprechungen sind zu häufig und zu schlecht vorbereitet. Probleme, die man allein mit einzelnen Kollegen besprechen wollte, werden bei dieser Gelegenheit coram publico besprochen — das natürlich erst wieder in die Materie eingeweiht werden muß.«

Von 39 befragten Führungskräften eines deutschen Großunternehmens klagten:

- 15 über weitschweifige, unklare oder schlecht vorbereitete Ausführungen ihrer Mitarbeiter
- 6 über zuviel Papier

- 6 über zuwenig Entscheidungsfreude ihrer Untergebenen
- 4 über unklare Kompetenzverteilung und mangelnde
  Abstimmung zwischen den verschiedenen Berei-
  chen der Organisation
- 2 über allgemeinen Zeitmangel.

Schon allein diese kurze Aufzählung verrät, mit welcher
Einstellung und Vorbereitung die meisten Konferenzteilnehmer anrücken. Doch nicht nur sachliche Probleme belasten den Konferenzverlauf, sondern auch psychologische Probleme. Jeder Teilnehmer kommt mit seinen
Emotionen, seinen persönlichen Antipathien und Sympathien. Die Schweizer Psychoanalytikerin Ruth Cohn hat
das — etwas drastisch — so ausgedrückt: »Die Konferenzzimmer sind angefüllt mit apathischen und unterwürfigen,
mit verzweifelten und rebellierenden Menschen, deren
Frustration zur Zerstörung ihrer selbst und ihrer Institu-
tion führt. Leute sitzen am grünen Tisch in körperlicher
Gegenwart und innerer Abwesenheit ... Entscheidungen
entstehen nicht auf der Basis von realen Überlegungen,
sondern unterliegen der Diktatur der Störungen — Antipathien zwischen den Teilnehmern, unausgesprochenen
Interessen und persönlichen depressiven und angstvollen
Gemütsverfassungen.«

Fassen wir noch einmal kurz zusammen, *was Teilnehmer
an Konferenzen, Besprechungen oder Seminaren stört*. Die
Antworten gleichen sich bei jeder Befragung:

- Abweichung vom Thema
- Zu lange Monologe
- Weitschweifigkeit
- Unklare Gedanken
- Verwirrende Sprache
- Besprechung von Neben-
  sächlichkeiten
- Mangelnde Vorbereitung
- Unnötige Länge
- Zu lange Anlaufzeit
- Mangelnde Ergebnissor-
  tierung
- Zuviel Sitzen — zuwenig
  Handeln

- Festhaken am Detail
- Versteckte Machtkämpfe
- Ungleicher Informations-
  stand

- Passive, abwehrende Teilnehmer

Im Mittelpunkt der Konferenzkritik stehen fast immer die drei selben Vorwürfe: ERGEBNISLOSIGKEIT (kein konkreter Aktionsplan), LANGEWEILE (fehlende Motivation) und ZEITVERLUST (zu viele Konferenzen, zu lange Konferenzdauer). Die Folge: Es entsteht ein Teufelskreis. Man kommt frustriert von der letzten Konferenz und geht schon resigniert in die nächste. Die schlechte Stimmung überträgt sich auf Stil, Gesprächsverlauf und Durchführung der Konferenz, so daß zum Schluß — entsprechend der »self fulfilling prophecy« (der sich selbst verwirklichenden Prophezeiung) — auch tatsächlich wieder ein frustrierendes Konferenzergebnis zustandekommt. — Muß das so sein?

Gründe für das unbefriedigende Konferenzverhalten

1. *Strenge Hierarchieordnung*
   - Ausrichtung auf den Ranghöchsten
   - Amtsautorität vor Fachautorität
   - Anspruch auf Führungsrolle durch den Vorgesetzten
   - Karrierebewußtsein der Untergebenen vor Verantwortungsbewußtsein

2. *Fixierung auf Einzelleistung*
   - Erziehung und Karriere sind auf Einzelleistungen ausgerichtet

3. *Konkurrenzverhalten*
   - Einzelverantwortung und Einzelkarriere führen zum Kampf um Aufstieg und Arbeitsplatz

4. *Machtkämpfe*
   - Als Einzelner muß ich *meine* Position, *meine* Ansicht, *meinen* Standpunkt durchsetzen

5. *Profilierungsbedürfnis*
   - Der Einzelne muß immer wieder beweisen, wie gut er ist, denkt, handelt

6. *Unterschwellige Konflikte*
   - Konflikte, die nicht offen liegen und durchschaubar sind, können nicht gelöst werden: Sie machen aggressiv und führen zur Resignation

7. *Mangel an Kooperation*
   - Der Einzelne hat es nicht gelernt
   - Es wird sozial nicht honoriert

8. *Kein Vertrauen zum andern*
   - Wer prinzipiell im andern den Konkurrenten vermutet, kann nicht offen sein

9. *Mangelnde Informationsbereitschaft*
   - Informationen sind ein Machtsymbol

10. *Höflichkeitsriten*
    - Stimmungen und Wünsche der Gruppe werden nicht transparent

11. *Fehlende Gruppenarbeit*
    - Unflexibles Mobiliar
    - Keine Hilfsmittel und Techniken
    - Keine gemeinsamen Spielregeln

Deshalb ist es für den Konferenzleiter notwendig, Methoden aufzuspüren, um **schneller** zu gemeinsamen Ergebnissen zu kommen!

Warum so viele Verhandlungen und Konferenzen scheitern

Viele Verhandlungen und Konferenzen scheitern, weil sich die Teilnehmer viel zu sehr mit sich selbst und viel zu wenig mit den andern beschäftigen. Jeder denkt nur an seine Meinung, seine Ansicht, seine Stellungnahme, sein Ziel.

Die Meinung des andern wird, soweit sie der eigenen entgegenkommt, kurz bestätigt, soweit sie ihr zuwiderläuft, flüchtig abgelehnt. Je weniger nun der Einzelne sich von den andern akzeptiert sieht, um so mehr wird er (eigensinnig) auf seiner eigenen Meinung beharren und die Meinungen anderer ebenso behandeln, wie sie seine behandelt haben. Es handelt sich dabei um jenes **psychologische Gleichgewichtsgesetz,** das so viele Verhandlungen zum Scheitern bringt.

Auf eine kurze Formel gebracht, könnte es lauten: WIE DU MIR, SO ICH DIR. Das heißt:

- Wenn der eine Gesprächspartner das Wort ICH dauernd verwendet, wird es unbewußt auch der andere tun.
- Wenn der eine Gesprächspartner den andern häufig unterbricht, wird es auch der andere häufig tun.
- Wenn der eine Gesprächspartner kein Verständnis für den Standpunkt des anderen zeigt, wird sich auch der andere versteifen und kompromißlos zeigen.
- Wenn der eine Gesprächspartner aggressiv wird, wird auch der andere zunehmend aggressiver werden.

Henry Ford formulierte einmal, was den guten Verhandlungspartner auszeichnet: »Um Erfolg zu haben, muß man den Standpunkt des andern einnehmen und die Dinge mit seinen Augen betrachten.« Nur dann wird man Erfolg haben und vermeiden, was so viele Konferenzen so frustrierend und unproduktiv macht:

● Man versteht sich nicht, weil man für den Standpunkt des andern kein Verständnis hat.

● Man hört dem andern nicht zu, weil man für die Bedürfnisse des andern kein Ohr hat.

● Man begreift den andern nicht, weil man nur mit den eigenen Begriffen denkt.

● Man beschäftigt sich mit den Aussagen und Antworten des andern nicht, weil man mit den eigenen Ausführungen und Antworten beschäftigt ist.

Wie man bei Konferenzen Geld sparen kann

Nach der Schätzung eines Tagungsfachmannes werden in deutschen Unternehmen jährlich bis zu einer Million Teilnehmer zu Konferenzen, Tagungen und ähnlichen Veranstaltungen gerufen. Das geht natürlich in die Kosten — vor allem in die gestiegenen Reise- und Verpflegungskosten.

Um diese Kosten in den Griff zu bekommen, sollte man sich zuerst einmal über ihre Höhe im klaren sein. Folgende Überlegungen bieten sich an:

Konferenzort

Reisezeit und Reisekosten sollten für alle Teilnehmer gleichbelastend sein. Liegt der Ort bei einer überregionalen Tagung für alle Teilnehmer so zentral, daß er per Bahn, Autobahn oder Flugzeug schnell erreicht werden kann? Viele Organisatoren bemühen sich, ein Tagungshotel »im Grünen« aufzutreiben mit herrlicher Landschaft und einzigartigen Freizeiteinrichtungen. Das Ergebnis: Frustration im Grünen (Tagung vor einladendem Badesee!) bei vermehrtem Reisestreß.

Konferenzzeit

Je kürzer, um so besser! Nicht jeder Teilnehmer, der bis zum Ende eine fröhliche Miene (zum langweiligen Spiel) macht, ist auch guten Mutes. Muß denn jede Tagung in Hamburg eine Hafenrundfahrt, jede Berlinfahrt eine Mauerbesichtigung, jede Münchentagung einen Besuch des Olympiageländes mit einschließen? Erholung und Abwechslung sind begrüßenswert, aber die eigentliche Freude sollte aus der Arbeit selbst kommen. Deshalb empfiehlt es sich, Tagungen so realistisch wie möglich auf Zeit, Ort und Themenkatalog abzustimmen.

Konferenzhotel

Gemeinsame Unterbringung fördert die Gemeinschaftsstimmung und ermöglicht günstigere Hotelkonditionen. Bei Abschluß einer Vollpension sollte die kostenlose Benützung von ein oder zwei Seminarräumen, der Kegelbahn, des Hallenschwimmbades, des Solariums etc. das mindeste sein; ebenso die kostenlose Bereitstellung moderner Lehrmedien. In der Vor- und Nachsaison läßt sich außerdem über attraktive Vollpensionspreise und über eine firmeninterne Getränkekarte verhandeln.

Reisekosten

Muß unbedingt jeder Teilnehmer mit seinem eigenen PKW und entsprechender Kilometergeldabrechnung anreisen? Lassen sich keine Gruppenfahrten per Auto, Bahn oder Flugzeug organisieren? — Es gibt auf dem Reisesektor mittlerweile Spezialisten (z.B. Hapag Lloyd), die sich auf Firmenreisen spezialisiert haben und kostenloses Informationsmaterial bereithalten.

Teilnehmerzahl

Eine alte Regel lautet: Wenn eine Konferenz über etwas entscheiden soll, dann sollten auch nur die Leute daran teilnehmen, die darüber entscheiden können. Muß jeden Führungsmann ein Troß von Assistenten, Referenten und Sekretärinnen begleiten? Müssen unbedingt schon die Sachbearbeiter zu diesem Thema gehört werden? — Bedenken Sie, daß jeder, der auf einer Tagung nicht seine Meinung äußern kann, sich überflüssig vorkommt und verstimmt wird. Wenn 12 Mann um den Tisch sitzen und jeder nur 5 Minuten redet und seine Idee nur 5 Minuten diskutiert wird (wenn nicht, hatte sie kein Gewicht), dann dürfte jeder Teilnehmer an einem Vormittag nur zweimal reden.

Telefonkonferenz

Konferenzen per Telefon klappen überraschend gut und sparen eine Menge Geld. Zu diesem uneingeschränkt positiven Urteil kam die IHK Dortmund, nachdem sie eine solche Telefonkonferenz mehrfach getestet hatte. Die IHK belegte dieses positive Urteil mit folgendem Beispiel: Wie üblich schickte man zuerst an die vier Tagungsteilnehmer die Tagesordnung und die Unterlagen. Dann wurden an einem Wochentag um zehn Uhr zwischen Augsburg, München, Oldenburg und Dortmund die Leitungen für die Telefonkonferenz geschaltet. Das Ergebnis: Die Tagesordnung war bereits nach einer halben Stunde Konferenzdauer abgehandelt. Die Kosten beliefen sich auf 280,— DM. Eine konventionelle Konferenz mit persönlicher Zusammenkunft an einem der vier Orte hätte nach Berechnungen der Kammer bis zu 10 Stunden An- und Rückreisezeit beansprucht und Kosten von über 4000 DM verursacht. Die Konferenz, so meint die IHK Dortmund, hätte dann voraussichtlich zwei Stunden gedauert, da nach den Testerfahrungen »eine Telefonkonferenz zu konzentriertem und zielgerichtetem Reden motiviert«.

II Die Vorbereitung von Konferenzen

Die Auswahl der Konferenzteilnehmer

Seitdem das Wort TEAMARBEIT aufgekommen ist, wird nur noch in Teamgröße überlegt, gebrainstormt, kooperiert, geplant, kommuniziert und interagiert, werden Probleme artikuliert, Ideen verbalisiert, Entscheidungen praejudiziert, Aktionsprogramme entworfen, Netzpläne gezeichnet, Prioritäten erkannt und Verantwortlichkeiten aufgestellt. Mit gewichtiger Miene wird die eigene Meinung geäußert und die Meinung eines jeden, auch desjenigen, der kurz vorher noch überhaupt keine Meinung hatte, angehört. Es wird diskutiert, der Beitrag als nützlich anerkannt und zu Protokoll genommen, eine Zwischenfrage erlaubt und beantwortet, die neuerdings zu einer Zwischenfrage führt ..., um am Ende selbstbefriedigt die Konferenz zu verlassen. Von der Sekretärin werden dann die Fenster geöffnet (der einzige frische Wind an diesem Tag im Konferenzzimmer), die Aschenbecher geleert, die Trinkpappbecher weggeworfen. So wird in vielen Unternehmen Tag für Tag getagt, ohne daß es je hell wird. Bestenfalls wird die Finsternis einiger Ignoranten, die im Vertrauen auf die Gruppe völlig unvorbereitet kamen, um ein weniges erhellt. Flogen keine Messer durch die Luft, wurde ordentliches Konferenzbla-bla-bla erzählt und gemeinschaftlich ein Arbeitspapier verfaßt, für das ein kluger Kopf bestenfalls eine Stunde gebraucht hätte, dann darf sich auch der Konferenzleiter einen Lorbeerkranz aufs Haupt legen lassen.

Sollte die Konferenz allein Ihrer Machtdemonstration dienen, dann ist alles in Ordnung. Sollte jedoch möglichst effektiv gearbeitet werden, dann folgt jetzt — trotz Teamarbeit — ein Plädoyer für den »Einzelkämpfer« und den »unbequemen« Konferenzteilnehmer.

Der Einzelkämpfer mußte in der Vergangenheit dem TEAM weichen. Vielleicht ging man von dem frommen Bibelspruch aus: »Wo zwei oder drei von Euch in meinem Namen tagen, da bin ich bei euch.« Das würde für unser Team bedeuten: Vier Teilnehmer ergeben nicht das Wissen von 4 mal 1, sondern von 4 mal 1 plus 1.

Doch das geschieht mit der gleichen Häufigkeit, wie göttlicher Beistand die meisten Verhandlungen begleitet.

Überlegen Sie einen Augenblick:

● Wer zeigt wirkliche Verantwortung? Doch nur derjenige, der voll und ganz hinter einer Sache steht.

● Wer wird die Risiken und Möglichkeiten jeder Entscheidung genauestens abwägen? — Doch nur derjenige, der später dafür auch die Verantwortung zu tragen hat.

Es ist nicht leicht, mit einem »Einzelkämpfer« gut auszukommen und ihn optimal einzusetzen. Er ist kein bequemer Mitarbeiter. Er wird seine Fähigkeiten nur dann voll entfalten, wenn man auf seine besonderen Eigenarten und Begabungen eingeht. Prüfen Sie bitte, ob Sie aufgrund Ihrer eigenen Erfahrung folgenden Beobachtungen zustimmen können:

1. Der Einzelkämpfer ist meistens kein guter Redner; dafür ein um so besserer Beobachter, der den Dingen auf den Grund sieht.

2. Der Einzelkämpfer ist im Gespräch meist zurückhaltender, einsilbiger, zugeknöpfter; dafür der bessere Zuhörer und Denker.

3. Der Einzelkämpfer hat oft wenig Geduld mit anderen Personen und Meinungen; er ist öfters rechthaberisch; dafür energischer und willensstärker bei der Durchsetzung von Vorhaben.

4. Der Einzelkämpfer ist meist introvertiert, schweigsam bis zur Unhöflichkeit; dafür läßt er, wenn er einmal ein Problem aufgespürt hat, nicht eher locker, bis er sein Ziel erreicht hat.

Fazit:

Nicht jeder, der schweigt, schlecht spricht, ungeduldig und einsilbig ist, ist deshalb auch schon ein willensstarker Einzelkämpfer. Aber wie viele Konferenzen könnten eingespart werden, wenn man sich in vielen Fällen wieder mehr auf die Fähigkeiten des Einzelnen besinnen würde — statt bei jedem Problem ein Team einzusetzen und eine Konferenz abzuhalten.

Natürlich erfordert unsere arbeitsteilige Wirtschaft die Abstimmung untereinander und die Kooperation vieler. Aber wenn schon im Team gearbeitet werden muß, warum nur mit Ja-Sagern?

Persönlichkeitsunterschiede fördern die Teamarbeit

Wenn schon ein Team, dann keines, das vollbestückt ist mit Organisationsmenschen, Leuten des »Kollektivs« und Entscheidungsmuffeln, sondern mit Individualisten.

Aber es gibt noch eine andere Gefahr bei der Besetzung eines Teams. Einer der klassischen Fehler ist die Tatsache, daß Führungskräfte unbewußt (oder auch ganz bewußt) solche Leute bevorzugen, die ihnen in der Persönlichkeitsstruktur ähnlich sind. Stärken und Schwächen werden so potenziert. In einer ganzen Abteilung, in einer ganzen Firma.

Heute sind sich die Management-Wissenschaftler einig, daß in einem Team eine Reihe unterschiedlicher Charaktere und Begabungen vorhanden sein sollte.

● ein Mann mit guten kreativen oder analytischen Anlagen, der Ideen, Anregungen und Impulse liefert;

● ein Mann der Linie, der Organisation, der es versteht, die Hilfsmittel der Firma richtig einzuschätzen und aus den Ideen realisierbare Pläne entwickelt;

● ein Mann mit Entscheidungsbefugnis und Durchsetzungskraft, der die Aktionsprogramme vorantreibt und in der Praxis durchsetzt;

● ein Mann, der kooperieren kann, der die Fäden in der Hand hält, der die Übersicht hat, der das Team motiviert und zusammenhält.

Zusammenfassung

1. Teilnehmerzahl

Bei einer Konferenz, die Entscheidungen fällen soll, sollten Sie zwei Grundregeln beachten:

● Es sollten nur die Leute daran teilnehmen, die auch über die notwendigen Entscheidungs-Kompetenzen verfügen.

● Es sollten nur so viele Leute daran teilnehmen, wie aufgrund der Themen und der Zeit miteinander wirklich intensiv diskutieren können.

2. Konferenzverhalten

Das individuelle Karriere- und Profilierungsstreben wird auch in Zukunft dominierend sein. Dagegen ist nichts einzuwenden, solange es sich um einen gesunden Ehrgeiz und einen Wettbewerb der besten Problemlösungen handelt. Gelten sollte jedoch die Regel:

● Die Profilierung des Einzelnen darf nicht auf Kosten anderer (persönliche Angriffe) und nicht auf Kosten der Sache (Ablenkung auf eigene Lieblingsthemen) gehen.

3. Einzelkämpfer

Fördern Sie den Einzelkämpfer! Bauen Sie auf seine Verantwortungsbereitschaft, seine Initiative und Zähigkeit. Geben Sie ihm — auch bei der Integration in eine Konferenzrunde — den Freiheitsraum, den er braucht.

4. Teamauswahl

Setzen Sie ein Team nicht mit Gleichguten und Gleichschlechten, mit Gleichtbegabten und Gleichgesinnten zusammen, sondern setzen Sie ein Team nach den verschiedenen ausgeprägten Persönlichkeits- und Fähigkeitsunterschieden zusammen. Wenn Sie Effizienz wollen, akzeptieren Sie auch Eigenwilligkeiten, Spannungen und Rivalitäten.

Ablaufplanung einer Konferenz

Jede Konferenz wird ab einem bestimmten Zeitpunkt ihr Eigenleben entwickeln und von der Tagesordnung abgehen. Aber wie ein Fahrplan sinnvoll ist, auch wenn die Züge Verspätung haben, um das Ausmaß der Verspätung zu erkennen, so sollte sich jeder Konferenzteilnehmer auch einen Ablaufplan für seine eigene Konferenz zurechtlegen. Der folgende *Ablaufplan* soll Sie dabei unterstützen.

I Einführung

Thema   Der Konferenzleiter

- nennt Grund, Bedeutung, Wichtigkeit dieser Konferenz

Planung
- stellt die Tagesordnung vor
- fragt nach zusätzlichen Diskussionspunkten
- spricht den Zeitplan (mit Pausen) durch
- fragt, ob alle Teilnehmer (TN) die notwendigen Unterlagen (Tagesordnung ...) haben

Rechenschaft
- gibt bekannt, wieweit das Aktionsprogramm der letzten Konferenz bereits verwirklicht wurde
- zeigt auf, wo das Soll unter- und überschritten wurde
- nennt besondere Schwierigkeiten und Erfolge

Lagebericht
- informiert alle TN über den augenblicklichen Stand der Dinge
- stellt durch Diskussion und Einzelfragen eine gemeinsame Informationsbasis her

Vorstellung
- nennt die wichtigsten Referate
- stellt neue (noch unbekannte) TN vor
- nennt die Bedeutung dieser Referate

Ziel
- bespricht gemeinsam mit den TN, was heute erreicht werden soll
- welches Problem gelöst werden soll
- in welcher Form vorgegangen werden soll

Motivation
- zeigt die Bedeutung dieser Konferenz für jeden auf (beruflich, persönlich)
- bittet um Einhaltung der Konferenzregeln (»gentlemen's agreement«)

Am Ende dieser **Einführung** sollte jeder Teilnehmer wissen, warum die Konferenz angesetzt wurde, welche Bedeutung sie für ihn hat, was von ihm erwartet wird, wie der augenblickliche Stand der Dinge ist und welche Zeiteinteilung vorgesehen ist.

II Problemanalyse

Definition   Der Konferenzleiter stellt das Problem zur Diskussion:

- Was ist das Problem?
- Wie ist es entstanden?
- Wie wirkt es sich aus?
- Warum ist es wichtig?
- Wie sieht der SOLL-Zustand aus?
- Welche Hindernisse gibt es davor?

Beurteilung   Die Teilnehmer (TN) werden gefragt

- nach ergänzenden Informationen
- nach ihren persönlichen Erfahrungen mit diesem Problem
- nach ihrer persönlichen Ansicht zu diesem Problem

Nach der **Problemanalyse** sollte jeder Teilnehmer genau wissen, um welches Problem es geht, wie es definiert ist, wie es von seinen »Kollegen« gesehen wird und welche Erfahrungen sie damit gemacht haben.

III Informations- und Kriteriensuche

Informationen Die Teilnehmer werden gefragt

- nach allen Informationen zu diesem Problem (Tatsachen, Berechnungen, Beobachtungen, Statistiken, Zahlen ...)
- nach vergleichbaren Beispielen, Erfahrungen

Kriterien	Der Konferenzleiter diskutiert mit den TN
	● nach welchen Kriterien
	● nach welchen Prioritäten eine Lösung gefunden werden soll

In der Phase der **Information** sollten alle Teilnehmer offen und rückhaltlos ihre Informationen auf den Tisch legen. Die wichtigsten Informationen sollten visualisiert werden.

Nach der Informationssuche sollten **Kriterien** für die späteren Lösungsmöglichkeiten erarbeitet werden; eine Arbeit, die auch in Kleingruppen gemacht werden kann.

IV Lösungssuche

Sammlung	Die Teilnehmer werden gefragt
	● nach Teillösungen
	● nach Ganzheitslösungen
	● nach »unrealistischen« und praktikablen Lösungen (»brainstorming«)
Bewertung	Gemeinsam werden
	● die verschiedenen Lösungen mit Hilfe der Kriterien bewertet
	● die Folgen und Auswirkungen untersucht
	● die Schwierigkeiten und Widerstände geprüft
	● die verschiedenen Lösungen abgewogen
	● Realisierbarkeit und Praktizierbarkeit getestet
Bestlösung	● Gemeinsam wird die beste Lösung formuliert

In der Phase der **Lösungssuche** werden alle Teilnehmer aufgefordert, nach zuerst unrealistischen, dann zunehmend praktikableren **Problemlösungen zu suchen** und sie offen auszusprechen. Alle Problemlösungen werden visualisiert und dann mit Hilfe der Kriterien durchbesprochen und »getestet«.

V Beschlußfassung

Aktionsplan   Gemeinsam wird festgelegt:

- wer was tut?
- wann?
- wie und womit?
- das genaue Aktionsprogramm mit den Aufgaben, Zielsetzungen, Verantwortlichkeiten, Kompetenzen, Terminen, Hilfsmitteln ...
- wann und in welcher Form Kontrollen durchgeführt werden

Perspektiven Der Konferenzleiter

- stellt fest, was heute entsprechend der Tagesordnung erarbeitet wurde
- was verschoben werden muß
- wie weit man dem Gesamtziel nähergekommen ist
- wann eine neue Konferenz einberufen werden soll

Am Ende der Phase **Beschlußfassung** soll jeder TN genau wissen, was er zu tun hat, was von ihm verlangt wird, welche Vollmachten, Kompetenzen und Aufgaben er hat. Jeder Teilnehmer sollte sich mit dem Konferenzergebnis identifizieren können (weil er an ihm mitgearbeitet hat).

Der Führungsstil des Konferenzleiters

Zu Beginn jeder Konferenz sollten Sie sich im klaren sein, wie Sie die Konferenz leiten wollen:

1. Die STRAFFE Leitung der Konferenz in Form der STERNSCHALTUNG

Bei dieser »Konferenzleitung« führen Sie mit straffer Hand, indem Sie alle Teilnehmer auf das von Ihnen bereits festgelegte Ziel hindirigieren, die Beiträge dementsprechend einordnen, das Wort erteilen und entziehen, mäßigend oder anregend eingreifen, durch eigene Aussagen bereits die Weichen stellen, zustimmende Ausführungen bekräftigen, ablehnende kritisieren. Das wichtigste Kriterium einer solchen Konferenzleitung ist die Sternschaltung. Das heißt: Der Leiter hat das Gespräch fest unter seiner Kontrolle. Er erteilt das Wort. Die Teilnehmer sprechen überwiegend zu ihm, weniger zu den anderen Teilnehmern. Man diskutiert kaum, sondern gibt Stellungnahmen, Meinungen, Informationen ab.

Der Leiter behält sich die endgültige Entscheidung selbst vor oder läßt nach Mehrheit abstimmen, verteilt die Verantwortlichkeiten und Aufgaben, weist Kontrollen an. Lösungsvorschläge werden abgefragt und erläutert, nicht allgemein diskutiert.

Diese Art der Konferenzleitung ist in Krisensituationen notwendig, in normalen Zeiten von hohem informatorischen Wert. In kurzer Zeit kann viel mitgeteilt werden. Nachteilig ist, daß das Interesse der Gruppe schnell nachläßt, Unbehagen sich einstellt, da die Autorität des Leiters leicht erdrückend und das fehlende »Freisprechen« sich schnell frustrierend auswirkt. Solche Konferenzen sind deshalb möglichst kurz zu halten.

2. Die MODERATION der Konferenz in Form der RINGSCHALTUNG

Der Leiter hält sich zurück. Seine Aufgabe beschränkt sich darin zu fragen, Denkanstöße zu geben, Impulse zu vermitteln, Teilnehmer um ihr Urteil und ihre Lösungsvorschläge zu bitten, bisherige Meinungen zusammenzufassen bzw. gegenüberzustellen. Das heißt: Er braucht ein hohes Maß an Geschick auf der einen Seite, die Teilnehmer zur Diskussion, zur Mitarbeit und zur gemeinsamen Problemlösung zu motivieren, auf der anderen Seite aber doch den roten Faden durch logische Zusammenfassungen, Zielsetzungen und Überleitungen zu schaffen.

Der Hauptunterschied zur straffen Leitung besteht darin, daß der Moderator der Gruppe keine vorgefaßte Meinung/Problemlösung aufzwingen will, sondern daß die Gruppe selbst die Problemlösung erarbeiten und sich mit ihr identifizieren soll; daß der Moderator nicht abfragt, sondern nur Denkanstöße gibt oder Klarstellungen vermittelt; und vor allem — daß das Gespräch im Kreis hin- und hergeht, ohne daß jedesmal das Wort erteilt wird oder sich der Moderator einschaltet.

Ein Moderator wird bei Bedarf auch Kleingruppen bilden und sie eigenständige Ergebnisse erarbeiten lassen sowie alle möglichen Formen der Arbeitsteilung verwenden.

Sein Ziel ist die kreative, schöpferische Problemlösung, mit der sich möglichst alle Teilnehmer identifizieren sollen.

Diese Art von Konferenzleitung ist vorteilhaft, wenn es um neue Problemlösungen geht, die Kreativität und En-

gagement verlangen und die von möglichst vielen Teilnehmern getragen werden sollen, damit sie auch in der Praxis
wirkungsvoll realisiert werden können und nicht an den
»geheimen« Widerständen letztendlich scheitern.

Nach diesen beiden Konferenz-Führungsstilen richten
sich auch die *Mittel, die der Konferenzleiter/Konferenzmo-
derator einsetzen kann:*

Konferenzleitung	Konferenzmoderation
● Leitung wird von Anfang bis Ende nicht aus der Hand gegeben	● Leitung wird auch an Kleingruppen zur Lösung und Vorstellung von Detailproblemen abgegeben
● Leiter legt Zeitplan und Themen vor, bestimmt und beschließt, entscheidet und überantwortet	● Moderator schlägt vor, stellt zur Diskussion, fordert auf, holt Meinungen hervor, stellt konträre Meinungen gegenüber, regt Diskussion und Entscheidungsfindung an
● Teilnehmer erhalten Feedback durch Leiter, weniger durch die anderen Teilnehmer	● Teilnehmer erhalten Feedback fast ausschließlich durch die anderen Teilnehmer, vom Moderator nur in der Rolle als Teilnehmer
● Straffe Meinungsfestlegung: »Das Problem ist wie folgt zu sehen ...«	● Bestätigung unterschiedlicher Meinungen: »Wir haben bisher zwei unterschiedliche Meinungen dazu: erstens ... zweitens ...«
● Sternschaltung: »Das Wort hat jetzt Herr Meier ...«	● Ringschaltung: »Zur Diskussion steht jetzt das Problem ...«
● Direkte Fragen: »Wie hoch war die Ausschußquote, Herr Meier?«	● Aufforderung zur Diskussion: »Wer hat nähere Informationen über die Ausschußquoten ...?« ▷

Konferenzleitung	Konferenzmoderation
• Bildhafte Darstellung der Informationen und Problemlösungen.	• Bildhafte Darstellung der Informationen, Problemlösungen und der gegensätzlichen Meinungen.
• Vorbereitete Problemlösung: »Nach meiner Meinung besteht die einzige Lösung ...«	• Gemeinsame Erarbeitung der Problemlösung: »Wie sehen Ihre Vorschläge aus?«
• Entscheidung durch den Leiter oder nach dem einfachen Mehrheitsbeschluß: »Damit steht fest ...«	• Bemühen um eine möglichst große Übereinstimmung aller Teilnehmer bei der Entscheidungsfindung.

Regeln für das Konferenzverhalten

Zu Beginn einer Konferenz empfiehlt es sich, die Teilnehmer für ein »Gentlemen's agreement« zu gewinnen — also für die Einhaltung bestimmter Regeln. Bewährt haben sich folgende Absprachen, die nach Möglichkeit auch offen angeschlagen (visualisiert) werden sollten:

1. Es spricht immer nur einer.

2. Den Sprecher ausreden lassen.

3. Wortmeldungen erfolgen erst, nachdem der Sprecher aufgehört hat.

4. Keiner sollte (von begründeten Ausnahmen abgesehen) länger als 30 Sekunden ohne Unterbrechung sprechen.

5. Ausführungen des Vorredners werden nicht durch Killerphrasen (»So geht das doch nie!«) kritisiert.

6. Auf Behauptungen des Vorredners erfolgen keine Gegenbehauptungen, sondern Fragen nach dem Warum, Wieso, Weshalb ...

7. Kritik sollte sich immer auf die Sache, nicht auf die Person richten.

8. Nur wer unmittelbar zum vorliegenden Thema etwas zu sagen hat, sollte sich zu Wort melden.

9. Kritik sollte nur vorgebracht werden, wenn man sich zuvor vergewissert hat, ob man den Vorredner so richtig verstanden hat (»Habe ich richtig gehört, Sie sagten, daß ...?«).

Über den Umgang mit Konferenzteilnehmern

Wissen Sie noch, ob es möglich ist, unter Streßbedingungen (enger Raum mit vielen Menschen) zu denken und Probleme zu lösen? — Es ist möglich, sofern man sich vorher geistig auf diese Situation eingestellt hat.

Das gleiche gilt auch für Konferenzen. Wenn Sie sich die verschiedenen Situationen vorstellen — die Felsen und Flußschnellen, an denen jede Konferenz scheitern kann — dann hilft auch in diesem Fall dieselbe Lösung: sich die möglichen Situationen (= Teilnehmerreaktionen) *vorher* durch den Kopf gehen zu lassen und sich darauf vorzubereiten.

Mit welchen Reaktionen der Teilnehmer haben Sie — als Konferenzleiter — zu rechnen?

1. Die Teilnehmer beanstanden irgend etwas — mit Recht, aber aggressiv

TN: Sollten wir uns nicht wenigstens vorher gegenseitig vorstellen?

Tip: ERWEITERTE SATZMETHODE
Wenn der Vorwurf mit Recht zutrifft, *hören Sie nicht mitten im Satz auf, entschuldigen sich auch nicht,*

noch erklären Sie sich eilfertig bereit, sofort darauf einzugehen.

Sie bedanken sich bei dem Teilnehmer für den »Hinweis«, gehen aber auf seinen Wunsch nicht mit einem »Jawohl, habe ich leider ganz vergessen, entschuldigen Sie bitte ...«, sondern mit einem *ganzen Satz darauf ein:* »Ich danke für den Hinweis, Herr Meier, und nehme Ihre Anregung gern auf. Am interessantesten wäre es , wenn jeder nicht nur Name und Firma mitteilt, sondern uns auch von seinem Aufgabengebiet und seinen persönlichen Erwartungen hinsichtlich dieser Konferenz erzählt.«

2. Die Teilnehmer lehnen einen wohlbedachten Vorschlag ab

TN: Die Aufnahme eines zusätzlichen Artikels bringt uns gar nichts — nur unnötige Arbeit.

Tip: PRO- UND CONTRA-METHODE

Sie fordern alle Teilnehmer auf, sich mit Ihnen gemeinsam einmal die Vor- und Nachteile einer solchen Aktion vor Augen zu führen. Sie sammeln auf einer Tafel — für jeden sichtbar — auf der einen Seite die Pro- und auf der anderen Seite die Contra-Argumente.

3. Die Teilnehmer stellen unerwünschte Forderungen

TN: Ich schlage vor, auch über den sehr interessanten Aspekt Alpha zu diskutieren — auch wenn er nicht auf der Tagesordnung steht.

Tip: KOMPROMISSMETHODE

Darüber ließe sich reden, wenn Sie mir sagen, wie wir diese Zeit wieder hereinbringen können ... Andernfalls schlage ich vor, wir notieren diesen Punkt und setzen ihn an die erste Stelle bei der Diskussion — wenn noch Zeit bleibt.

Tip: **ABLENKUNGSMETHODE**

Über diesen Punkt habe ich auch schon nachgedacht, und das hat mich zu einer sehr wichtigen Frage geführt: Kann mir jemand einmal ganz genau sagen ...

4. Ein Teilnehmer redet zu viel, zu lang, zu umständlich

Tip: **DRUCKMETHODE**

Herr Meier, ich habe noch zwei weitere Wortmeldungen zu diesem Punkt vorliegen ... Wie würden Sie Ihre Ausführungen in einem Satz zusammenfassen?

5. Ein Teilnehmer stellt unangenehme Fragen

TN: Können Sie uns denn genau sagen, was uns dieses Programm in Mark und Pfennig einbringt?

Tip: **ABHÄNGIGKEITSMETHODE**

Das hängt ganz von Ihnen ab, wieviel Zeit, Mühe und Geld Sie dafür investieren wollen ...?

Tip: **VERSCHIEBETECHNIK**

Darf ich diese Frage noch einen Augenblick zurückstellen, bis wir den Punkt A zu Ende besprochen haben?

Tip: **MITHILFETECHNIK**

Das ist eine sehr wichtige Frage ... (Dann wenden Sie sich an einen Teilnehmer und fragen ihn.) Herr Huber, was würden Sie sagen, wieviel wird dabei wohl herausspringen?

6. Ein Teilnehmer kritisiert die Richtigkeit Ihrer Äußerungen

TN: Was Sie da sagen, kann doch gar nicht stimmen. Wir haben ganz andere Erfahrungen gemacht!

Tip: RÜCKFRAGEMETHODE

Welche Erfahrungen haben Sie denn gemacht? Glauben Sie, daß sich Ihre Erfahrungen verallgemeinern lassen?

Tip: HYPOTHESEMETHODE

Ich habe auch keineswegs behauptet, daß dies für alle Situationen zutrifft. Aber nehmen wir diesen Fall einmal als Hypothese an.

Tip: MITHILFEMETHODE

Interessant ... Darf ich mal fragen: Wer von Ihnen hat diese oder andere Erfahrungen gemacht? Können Sie davon berichten?

7. Die Diskussion hakt sich an einem Punkt fest

Tip: DRUCKMETHODE

Meine Herren, ich sehe, daß dieses Thema für Sie sehr interessant ist. Aber ich glaube, es wäre schade, wenn deshalb die Punkte B und C völlig unter den Tisch fallen würden. Deshalb mein Vorschlag: Wir notieren diesen Punkt und kommen bei der Diskussion noch einmal darauf zurück — wenn Zeit dazu bleibt.

8. Einige Teilnehmer stellen sich völlig quer, werden unsachlich

Tip: ENTWEDER-ODER-TECHNIK

Meine Herren, ich sehe, daß einige nicht mehr bereit sind, sachlich und fair über dieses Thema zu diskutieren. Wir alle aber hatten ein produktives und nützliches Gespräch erwartet. Ich bin deshalb nicht bereit, in diesem Ton weitere Zeit zu vergeuden: Wir diskutieren alle sachlich und fair, oder ich sehe mich gezwungen — so leid es mir tut — diese Konferenz zu beenden.

Tip: PAUSENTECHNIK

Ich schlage vor, als kleine Beruhigung jetzt eine kurze Zigarettenpause einzulegen (zusätzlich bitten Sie die Unruhestifter einzeln zu einem persönlichen Gespräch und appellieren an ihr Verantwortungsbewußtsein).

Tip: ISOLIERUNGSTECHNIK

Herr Meier, kommen Sie doch bitte mal vor und erklären Sie uns allen, was Sie eigentlich möchten. Sie richten immer nur Vorwürfe an uns und stellen Forderungen. Sagen Sie doch einmal selbst, wie Sie sich das in der Praxis vorstellen, und vor allem: Wozu Sie auch persönlich bereit sind!

Tip: KALTE-WUT-TECHNIK

Glauben Sie denn im Ernst, meine Herren, unser einziges Interesse besteht darin, Ihnen einen niegelnagelneuen »Laden« hinzustellen, und Sie kaufen dann die Zusatzwaren beim nächstbesten Händler am Ort, weil der Ihnen ein paar Pfennige mehr Rabatt einräumt! — Natürlich kann der das besser als wir. Aber fragen Sie ihn doch einmal, ob er Ihnen auch einen kostenlosen Kredit für einige Hunderttausend Mark gibt?

9. Die Diskussion flaut ab

Tip: PERSÖNLICH ANSPRECHEN

Sprechen Sie die Teilnehmer persönlich (mit Namen) an. Fragen Sie sie um ihre persönliche Meinung, ihre Hoffnungen und Probleme.

Tip: ZWISCHENBILANZ ZIEHEN

An dieser Stelle möchte ich gern eine Zwischenbilanz ziehen. Sagen Sie mir bitte, was wir bisher schon alles erreicht haben.

Tip: PROVOZIERENDE FRAGE

Meine Herren, Sie stellen bisher immer nur Forderungen an uns. Darf ich mal jeden einzelnen von Ihnen fragen, was er persönlich in dieser Angelegenheit zu tun gedenkt?

Tip: BILDUNG VON KLEINGRUPPEN MIT SPEZIELLEN AUFGABEN

Um die noch offenen Fragen zu behandeln, schlage ich die Bildung von drei kleineren Arbeitsgruppen vor, die einen ersten Entwurf ausarbeiten sollten.

10. Wie man eine Diskussion beendet

Tip: ÄUSSERE UMSTÄNDE

Meine Herren, so interessant diese Diskussion ist, wir müssen auch an das Ende denken. Ab 18 Uhr ist dieser Raum leider schon belegt.

Tip: APPELL AN DAS GEMEINSCHAFTSGEFÜHL

Ich habe einigen Kollegen zugesichert, pünktlich aufzuhören, und sie haben sich darauf eingerichtet. Ich bitte um Ihr Verständnis für diese Kollegen, die noch weit fahren müssen.

Verhaltensregeln für den Konferenzleiter

Nur wenn Amtsautorität und Persönlichkeitsautorität eines Konferenzleiters übereinstimmen, wird er auch respektiert. Folgende Empfehlungen haben sich in vielen Seminaren, Konferenzen und Diskussionen bewährt:

- *Sprechweise*   Sprechen Sie anfangs möglichst tief und langsam.

- *Pausen*   Machen Sie Pausen, um immer wieder zu einer ruhigen und beherrschten Sprechweise zurückzufinden.

- *Versprechen*   Übergehen Sie Versprechen. Bitten Sie nicht um Entschuldigung.

- *Körperhaltung*   Vermeiden Sie alle spontanen Kopf- und Armbewegungen, jedes hastige Hin- und Herlaufen, jede flüchtige Ungeschicklichkeit (Hängenbleiben an Kabeln).

- *Reaktionen*   Bemühen Sie sich um überlegte und abgebremste Reaktionen. Keine Eilfertigkeit und Artigkeit!

- *Mimik*   Bringen Sie weder Euphorie noch Mißstimmung in Ihrer Mimik zum Ausdruck.

- *Konzentration*   Bleiben Sie immer wach und konzentriert, auf »Empfang« eingestellt. Keine Flucht in Tagträumereien.

- *Behauptung*   Begegnen Sie jeder anmaßenden Behauptung mit einer Gegenfrage. Z.B.: »Woher wissen Sie das?«

- *Belehrung*   Stoppen Sie jede Belehrung durch ein: »Wenn mir das Ganze schriftlich vorläge, könnte ich mir ein klareres Bild machen.«

- *Reihenfolge*   Sagen Sie nicht: »Ich bin derselben Ansicht wie Herr Müller ...« Sondern: »Ich bin der Ansicht, daß ... Herr Müller ist übrigens der gleichen Ansicht.«

- *Widerlegung*   Verzichten Sie — soweit wie möglich — darauf, irrige Ansichten anderer zu widerlegen oder zu korrigieren. Überhören Sie sie.

- *Niveau*   Lassen Sie sich nie auf das Niveau unhöflicher Teilnehmer ziehen. Bleiben Sie konsequent — aber höflich.

- *Einwände*   Nehmen Sie Einwänden von vornherein durch Präventivwendungen die Spitze: »Das ist nur eine Hypothese ...«

- *Forderungen*   Wer Sie zu »kommandieren« versucht, dem antworten Sie: »Das können Sie selbst sicher viel besser.«

- *Ernst*   Nehmen Sie die Teilnehmer ernst — ihre Persönlichkeit, ihre Ansichten — und die Teilnehmer werden Sie ernst nehmen.

IV Checkliste
Vorbereitung von Konferenzen

Zeit
☐ Welcher Zeitraum ist für die Konferenz notwendig (Themenkatalog, Teilnehmerzahl ...)?

☐ Wann ist der günstigste Zeitpunkt (Hochsaison, Geschäftszeit, Wochenende, An- und Abreisezeit)?

☐ Können zu diesem Zeitpunkt alle Teilnehmer (TN) kommen (Stellvertretung, Terminüberschneidungen)?

☐ Kann der Zeitplan notfalls überschritten werden (Rückflug)?

Teilnehmer
☐ Wer nimmt teil?

☐ Sind alle TN benachrichtigt worden?

☐ Haben alle TN zugesagt?

Unterlagen
☐ Haben alle TN die Tagungsunterlagen erhalten (Tagesordnung, Informationsmaterial, Stadtplan)?

☐ Sollen Hotelzimmer reserviert und Fahrkarten/Flugtickets bestellt werden?

Raum
☐ Ist das Konferenzzimmer an diesen Tagen frei?

☐ Stehen Nebenräume für Gruppenarbeiten zur Verfügung?

☐ Ist der Konferenzraum an diesen Tagen vor Störungen sicher (Bauarbeiten, zweite Konferenz ...)?

☐ Ist der Konferenzraum leicht auffindbar (Beschilderung für Ortsfremde)?

☐ Wer kümmert sich um den Konferenzraum (Tische, Stühle, Medien, Tischkarten ...)?

☐ Ist der Konferenzraum (bzw. ein Geräteraum) abschließbar?

Medien
☐ Welche Medien werden benötigt.

☐ Overheadprojektor: volle Cellophanrolle, lose Folien, Ersatzstifte, Ersatzbirne, Leinwand

☐ Diaprojektor: Ersatzbirne, Leinwand

☐ Tafel: nasser Schwamm, trockener Lappen, Kreide

☐ Tonbandgerät: Ersatzbänder

☐ Zubehör: Zeigestab, Verlängerungskabel, Mehrfachstecker

☐ Kontrolle: Funktionsfähigkeit und Sehschärfe

☐ Rednerpult, Mikrofon

☐ Stehen ausreichend Schreibmaterial und Stifte bereit?

Einrichtung
☐ Stehen genügend Tische und Stühle (auch Reserve) zur Verfügung?

☐ Sind auch in den Nebenräumen genügend Tische und Stühle vorhanden?

☐ Welche Tischform ist am günstigsten (U-Form, Rechteck, Hufeisenform ...)?

☐ Sind Heizung, Klimaanlage und Verdunkelung vom Konferenzraum aus zu bedienen?

Hotel
Ausstattung
☐ Ist der Hotel-Konferenzraum geeignet (Größe, Ausstattung, Technik, Nebenräume, ruhige Lage)?

☐ Werden Lehrmedien vom Hotel gestellt?

☐ Stehen genügend Einzelzimmer zur Verfügung?

☐ Sind die Zimmer angemessen ausgestattet (WC, Bad)?

☐ Sind die Zimmer lärmgeschützt (Straßenseite)?

☐ Besitzt das Hotel angenehme Aufenthalts-
räume und Freizeiteinrichtungen (Hallen-
bad)?

☐ Findet zur gleichen Zeit eine Konkurrenzver-
anstaltung statt (Störung bei Falt-Trennwän-
den)?

Hotel
Zuständigkeit

☐ Wer ist im Hotel für die Konferenzbetreuung
zuständig?

☐ Wer ist im Hotel für die Technik zuständig?

☐ Wer ist im Hotel für Unterkunft und Service
zuständig?

Hotel
Service

☐ Sind Kaffeepausen, Mittag- und Abendes-
senszeiten bereits abgesprochen?

☐ Wann und wo wird der Kaffee serviert?

☐ Wann und wo wird zu Mittag und zu Abend
gegessen?

☐ Gibt es Tischgetränke (welche)?

☐ Gibt es ein kalorienarmes Essen?

☐ Gibt es nach 22 Uhr noch eine kalte Platte?

☐ Sind Kegelbahn und Weinstube für den
Abend reserviert?

☐ Ist genau abgesprochen, was die Teilnehmer
und was die Firma zu zahlen hat?

Organisation

☐ Wer führt über die Konferenz Protokoll?

☐ Gibt es für die TN Protokoll-Auszüge?

☐ Sind Telefonzentrale und Empfang (Pförtner)
von dieser Konferenz informiert?

☐ Stehen Spezialisten aus der Firma an diesen
Tagen bei bestimmten Themen zur Verfügung?

☐ Ist für den Abend etwas vorgesehen?

☐ Ist für die Frauen der Konferenzteilnehmer
ein eigenes Programm vorgesehen?

- ☐ Ist die Presse bzw. die PR-Abteilung von dieser Konferenz/Tagung informiert?
- ☐ Ist sichergestellt, daß die TN störungsfrei arbeiten können (keine Telefonate, keine Briefe unterschreiben, kein Herausrufen zu anderen Besprechungen)?
- ☐ Wer ist bei technischen Pannen zuständig (Elektriker)?

HEYNE BÜCHER

KOMPAKTWISSEN

*Die Taschenbuch-Reihe von heute, für die
Erfolgreichen von morgen*

Ichak Adizes
**Wie man
Mismanagement
überwindet**
22/139 - DM 9,80

Eduard Altmann
**Mehr Computer für
weniger Geld**
22/159 - DM 9,80

Karl-Heinz Bilitza
**Geld verdienen
an der Börse**
22/168 - DM 7,80

Walter H. Braun
Top-Selling
22/188 - DM 9,80

Rolf Breitenstein
Die wirksame Rede
22/137 - DM 6,80

Siegfried Brockert
Der beste Chef
22/169 - DM 8,80

Koessler / Buschmann
**Handbuch der
Kraftfahrzeugtechnik**
2 Bände
22/101 - DM 19,60

Herb Cohen
**Sie können alles
erreichen**
22/120 - DM 7,80

Heinz Commer
**Protokoll und Etikette
für Wirtschaft und
Verwaltung**
22/143 - DM 6,80

Ernest Dichter
**Das große Buch der
Kaufmotive**
22/133 - DM 7,80

Helmut Dittrich
**100 Chancen, Kosten
zu senken**
22/158 - DM 9,80

Dietmar Eirich
Textverarbeitung
22/175 - DM 12,80

Paul Feldmann
Denktraining
22/136 - DM 9,80

Günther Feyler
140 Checklisten
22/104 - DM 6,80

Lothar Fiegen
**Schneller auffassen -
mehr verstehen –
besser behalten**
22/146 - DM 6,80

Winston Fletcher
Super-E-Training
22/183 - DM 9,80

Hans-Bernd Graupner /
Helmut Simon
Karriereplanung
22/179 - DM 9,80

Heiko Griepenkerl
**Von den Japanern
lernen**
22/182 - DM 9,80

Peter Harten
**So funktioniert
unsere Wirtschaft**
22/180 - DM 12,80

Heinz Hartwig
**Wirksames
Werbetexten**
22/127 - DM 7,80
**Besseres Deutsch –
größere Chancen**
22/150 - DM 7,80

Dipl. Psych. Ralf Horn
**Alle wichtigen Tests
zur Auswahl von
Bewerbern**
22/173 - DM 9,80

J. E. Klausnitzer
Intelligenzschule
22/112 - DM 8,80
**Der persönliche
IQ-Test**
22/134 - DM 7,80
**Die Kunst,
frei zu sein**
22/152 - DM 7,80
Mit Logik zum Erfolg
22/160 - DM 7,80
**So teste ich meine
Führungsqualitäten**
22/170 - DM 9,80
Erfolgstraining
22/176 - DM 9,80

Horst Kliemann
**So erarbeitet man
Vorträge und
Veröffentlichungen**
22/141 - DM 7,80

Paul Koessler
**Grundlagen der
Fahrzeugtechnik**
22/154 - DM 9,80

Michael Korda
**Anatomie des
Erfolges**
22/177 - DM 7,80

Preisänderungen
vorbehalten.

**Wilhelm Heyne Verlag
München**